井冈山大学学术文库

曾建平

井冈山大学学术文库

曾建平 主编

面向在线评论的消费者网上行为实证研究

郭恺强 著

同济大学出版社
TONGJI UNIVERSITY PRESS

图书在版编目(CIP)数据

面向在线评论的消费者网上行为实证研究 / 郭恺强著. —上海：同济大学出版社，2020.5
(井冈山大学学术文库 / 曾建平主编)
ISBN 978-7-5608-8926-9

Ⅰ. ①面… Ⅱ. ①郭… Ⅲ. ①电子商务—消费者行为论 Ⅳ. ①F713.55

中国版本图书馆CIP数据核字(2019)第289569号

面向在线评论的消费者网上行为实证研究

郭恺强 著

出 品 人 华春荣 责任编辑 张 睿
责任校对 谢卫奋 封面设计 陈益平

出版发行 同济大学出版社 www.tongjipress.com.cn
(地址:上海市四平路1239号 邮编：200092 电话:021-65985622)
经 销 全国各地新华书店、网络书店
排版制作 南京展望文化发展有限公司
印 刷 江苏凤凰数码印务有限公司
开 本 710 mm×960 mm 1/16
印 张 12.25
字 数 245 000
版 次 2020年5月第1版 2020年5月第1次印刷
书 号 ISBN 978-7-5608-8926-9

定 价 58.00元

总　　序

井冈山大学创办于 1958 年，建校以来，历经停办、分校复建、三校合并、恢复更名、省部共建等过程，始终扎根老区办学，坚守“为党育人、为国育才”使命，已培养出 17 多万名毕业生，为社会主义现代化建设和地方经济社会发展做出了积极贡献。学校现为江西省人民政府和教育部共同重点支持建设高校，是科技部与江西省人民政府会商支持建设高校，是同济大学对口支援高校，是一所融普通本科教育、研究生教育和留学生教育于一体的全日制综合性大学。目前有专任教师 1 082 人(其中：教授 130 人、副教授 374 人，具有博士学位教师 321 人)，专任教师中 8 人次入选国家“万人计划”哲学社会科学领军人才、“国家新世纪百千万人才工程”、全国文化名家暨“四个一批”人才、国务院特殊津贴等国家级人才；107 人次入选省部级人才工程。现有全日制在校本科生近 1.8 万人、硕士研究生 119 人。内设 15 个教学学院(部)，66 个本科招生专业(其中国家特色专业 4 个，江西省“双一流”特色专业 2 个，一本批次招生专业 13 个)；拥有省级以上重点科研平台 10 余个，其中教育部高校人文社科重点研究基地 1 个，国家红色旅游研究与实践创新基地 1 个，江西省“2011 协同创新中心”1 个，省软科学研究基地 1 个，省高校人文社科重点研究基地 2 个，省文化艺术科学重点研究基地 1 个，省重点实验室 2 个，省教育厅重点实验室 1 个；共建科研平台 3 个，包括国家测绘地理信息局重点实验室、教育部网上合作研究中心分中心、井冈山生态环境研究中心；国家级人才培养基地 4 个，省优势科技创新团队 1 个，省研究生教育创新基地 1 个，社会工作硕士专业学位授权点 1 个。校舍建筑面积 68 万余平方米，教学科研设备总值 3.35 亿余元，图书馆藏书 223 万多册。

作为“星火燎原”之地吉安革命老区唯一的一所地方综合性本科高校，全国唯一以“井冈山”命名的红色大学，在61年的发展历程中，学校始终坚持以井冈山精神办学育人为指导，以“四敬五每”（敬畏制度、敬爱师生、敬重教学、敬仰学术；每个制度既要可行更要执行、每个教职员工都要得到恰当评价、每个学生都要得到恰当关爱、每个教师上好每堂课、每个科研人员做好每个项目）的治校理念，围绕建设特色鲜明的区域高水平大学的办学目标，实现了由专科教育为主向以本科教育为主，以培养教师、医师为主的专业学院向综合性大学的根本转变，走出了一条新建地方本科高校的跨越转型发展之路。进入新时代，学校深入学习贯彻落实习近平新时代中国特色社会主义思想和党的十九大精神，牢牢把握社会主义办学方向，坚持立德树人，坚持以井冈山精神办学育人，依托省部共建平台和同济大学对口支援，着力加强内涵建设，推动学校高质量转型发展，综合办学实力和社会声誉不断提升。2017年教育部本科教学工作审核评估专家组评价我校是“吉安地区不可替代的、重要的人才培养摇篮和科技创新基地”。

近年来，我们从四个方面着力，做到“四个坚持”：

一是坚持扎根老区办学。学校始终秉承“振兴革命老区、服务地方发展”的办学宗旨，明确了特色鲜明的区域高水平大学的办学目标，确定了培养下得去、留得住、用得上的“基层骨干与地方中坚”的人才培养定位。坚持以本为本，主动对接吉安和江西经济社会发展需要，形成了以工学、医学、管理学等应用学科为主体，马克思主义理论、生物学、中国古代文学为代表的“红、绿、古”特色学科为重点，多学科交叉融合发展的学科专业体系，基本覆盖电子信息、智能制造、现代农业、红色与生态旅游等吉安市重点发展产业。本科毕业生就业率连续13年高于全省同类学校平均就业率，荣获2016—2018年度全省普通高校毕业生就业工作“优秀等级学校”和“先进单位”称号，研究生培养连续6年做到了录取率、报到率、一次性就业率三个百分之百。近年来，毕业生中涌现出一大批扎根基层、助力脱贫攻坚的优秀大学生村官，比如党的十八大代表、电子与信息工程学院2009届毕业生邢磊，全国优秀大学生村官、政法学院2008届毕业生高旭斌，等等。

二是坚持特色创新发展。始终把特色创新发展作为转型超越的根本选择，紧紧围绕井冈山及其周边地区丰富的红色资源和绿色宝库，依托吉安厚重的庐陵文化，切实做好特色发展大文章。学科专业方面，开设的中共党史专业是全国为数不多、江西省唯一的本科专业，文物与博物馆学专业在全国首次聚焦于红色文物和博物馆学，生物科学、化学、汉语言文学、音乐学(含舞蹈专业)4 个国家特色专业，社会工作、思想政治教育、旅游专业等 7 个省级特色专业，其中社会工作专业 2011 年获批服务国家特殊需求专业硕士点。科学研究方面，中国共产党革命精神与文化资源研究中心获批为教育部高校人文社科重点研究基地，红色文化研究与传承应用协同创新中心获批为江西省"2011 协同创新中心"和博士后工作站，中国红色旅游研究与实践创新基地为国家旅游局重点研究基地，共建的流域生态与地理环境监测实验室为国家测绘地理信息局重点实验室，江西省生物多样性与生态工程重点实验室为博士后科研工作站，庐陵文化研究中心为省高校人文社会科学重点研究基地。

三是坚持服务区域经济社会发展。连续四年选派科技特派员助力富民强县工程建设，探索出"高校—科技园—企业"的科技服务地方模式，得到了赵乐际、胡春华、孟建柱等中央领导同志的肯定和时任江西省委书记强卫同志的肯定性批示。积极投入脱贫攻坚和美丽乡村建设，永新县绥远山村和青原区塘尾村成功脱贫摘帽，获"省派单位定点帮扶贫困村工作先进单位"称号。与国家井冈山经济技术开发区共建井冈山大学科技园，入驻高科技企业 30 多家，成为省级大学科技园；在井冈山农高区成立现代农业发展研究院，发挥人才智力优势助力吉安农业发展。坚持传承红色基因，全国各地在我校设立革命传统教育、红色培训基地的单位有 20 多个，举办各类红色培训班 400 多期，培训学员 3 万多人次。

四是坚持井冈山精神铸魂育人。始终把坚持立德树人作为根本任务，把坚持以井冈山精神办学育人作为重大使命，从更高站位、更高层次贯彻落实习近平总书记在全国教育大会、全国思政工作会议和思政理论课教师座谈会精神，努力把"井冈山"这一学校最大特色、最亮品牌、最富资源转化为加强和改进思想政治工作优势，力争把学校建设成为"最爱党最爱国最爱民"的全国著名红色大学。着力创新载体、丰富形式，开设了“井冈山精神与当代大学生”校本课程，建立了“井冈山精神展览馆”，建立了映山红青年学院，实施了“红色励志教育”培训，开展了一系列“红色传说”采风等社会实践，打造了“映山红”系列文化品牌等为主体的红色育人体系，推动红色基因育人与思政工作融合发展，形成了鲜明的井冈山精神办学育人特色。红色基因育人成效突出，创编的音乐舞蹈史诗《井冈山》连续公演13年，至今演出256场，连续9年受邀参演央视“五月的鲜花”全国大学生文化汇演，圆满完成2019年央视春晚井冈山分会场排演任务，新华网、央视网、《中国教育报》、《江西日报》等主流媒体多次对我校红色基因育人的“井大模式”进行报道。2019年9月11日，由中央教育工作领导小组秘书组主编的《教育工作情况》刊登了井冈山大学坚持以井冈山精神立德树人、推进红色文化育人的经验介绍。

习近平总书记强调，发展老区高等教育是解决老区人民愿望与老区发展现状之间矛盾的有效途径。2016年春节前夕，习近平总书记视察井冈山时指出，井冈山时期留给我们最为宝贵的财富，就是跨越时空的井冈山精神，要结合新的时代条件，让井冈山精神放射出新的时代光芒。2019年5月21日，习近平总书记在江西考察时强调：“办什么样的院校、培养什么样的人才，是办学育人首先要解决的问题。”井冈山大学始终牢记习总书记重托，在省委省政府的关心与支持下，坚持以井冈山精神办学育人，致力于将红色基因融入立德树人的全过程，并转为教育教学优势、学科科研优势、办学育人优势。

当前，井冈山大学的发展既面临机遇，也面临挑战。中国高等教育未来发展的重点是优化结构、深化内涵建设，井冈山大学发展基础比较薄弱，在人才培养模式、社会服务能力、研究生教育、高校治理体系和治理能力等方面都面临着严峻的挑战，只有不断提高办学水平和人才培养质量，才能在高等教育体系结构优化过程中占有一席之地，而申请硕士授权单位、努力提升学校办学层次和服务经济社会能力，则是将挑战转化为机遇的重要关节点。

近年来，成为硕士授权单位始终是学校历届领导班子和全体师生的共同心愿和奋斗目标，是近年来学校确立的重中之重工作、“一号工程”。学校以申硕为抓手，以申促建、以建促申，不断构建新型的学科建设管理模式，优化学科布局、突出学科重点、强化学科特色，在巩固提升现有“红绿古”特色学科和优势学科的基础上，有针对性地凝练方向、建强团队、深度挖掘亮点和潜力，加大学科建设的组织力度，形成了学科建设的合力，提高了学科建设成效，形成了一批具有核心竞争力的学科团队，为学校的未来发展夯实了基础，明确了学科发展方向。

多年来，井冈山大学的发展得到了同济大学的无私援助。自 2005 年建立对口支援关系以来，同济大学始终以高度的政治责任感和历史使命感，以帮助革命老区人民享有高质量的高等教育为己任，深入扎实推进对口支援工作，形成了全方位、深层次、开创性的对口支援工作格局，在全国高校对口支援工作中树立了典范，形成了具有广泛影响力的“同济—井大”模式。井冈山大学取得的办学成绩和每一步发展，都与同济大学直接、深入、全面的支援密不可分，都凝聚了同济大学各级领导、干部和教师的真情努力与无私付出，井冈山大学的发展已经深深打上了同济烙印。

同济大学出版社作为服务教学科研的重要平台，也积极帮助井冈山大学不断提高科研成果质量，打造拥有较高水准和知名度的井冈山大学学术品牌，“井冈山大学学术文库”的组织和顺利出版，就是双方合作结出的硕果，必定会为我校成功申请硕士学位授权单位提供强力支持，为井冈山大学的未来建设加砖添瓦。

我们相信，在教育部、江西省委省政府和社会各界的关心和帮助下，井冈山大学一定会得到更大的进步、取得更大发展，为新时代井冈山革命老区的高等教育事业及老区经济社会发展谱写新的篇章。这不仅是服务原中央苏区振兴发展的迫切需要，更是告慰革命先烈的最好形式。

井冈山大学校长
曾建平
2019 年 12 月

前　　言

随着电子商务的飞速发展,互联网上的在线评论逐步成为消费者在选择与购买过程中的重要信息源。同时,也为企业沟通客户、提高商品销量提供了有利途径。在线评论在互联网平台上正扮演着越来越重要的角色,并且具有持续的发展活力。然而,对于这种信息媒介不断变化和创新而带给消费者和企业的影响,学术界尚未得到充分而全面的答案。人们迫切需要理解其中不断更新演化而产生的新机制和新规律,从而为在线评论今后的演变以及消费者和企业如何更有效地利用它们提供建议。

但现有的研究都只是针对在线评论的某一环节展开,缺乏对在线评论从形成到影响机理的系统认识。而在线评论对商家销售业绩的影响,需要经过 3 个阶段: 评论发表、评论采纳、影响购买意愿。本书将这一过程定义为在线评论生命周期。由于生命周期的每个阶段都会对后续阶段产生深刻的影响,因此企业必须掌握在线评论生命周期每个阶段的产生机理,才能真正地将在线评论转化为企业经营的管理手段。所以,本书以在线评论生命周期为主线,通过理论分析、实验手段、实证分析等多种途径来探索在线评论发表、采纳以及对消费者购买意愿的影响因素。最终,为电子商务企业制定口碑营销策略提供理论指导。

本书共 6 章。第 1 章首先介绍本书的研究背景,分析研究意义,据此提出本书拟解决的问题;其次,对于本书所涉及的相关领域的研究工作进行了综述,主要包括在线评论发表、在线评论采纳、在线评论对购买意愿影响等方面;在对研究现状进行总结的基础上,指出现有研究的不足,从而为本书的必要性和重要性提供理论支持。第 2 章在理论推导的基础上,从消费体验的满意度、在线评论系统、产品卷入度、物质奖励和风险感知 5 个维度进行分析；针对正面评论和负面评论分别建立 2 个模型，采用结构方程模型，对研究模型进行实证检验，并分析比较发表不同情感极性评论的前因差异。第 3 章利用扎根理论的质性研究方法分析，提出评论采纳形成机理的总体框架，结合理论和文献分析进一步丰富理论框架下所包含的具体变量，并构建相应的影响模型，最后利用结构方法模型，对理论模型进行验证。第 4 章提出在线评论对消费者购买意愿形成机理的总体框架，利用实验方法，模仿真实的消费者阅读产品在线评论场景，以此来收集数据并应用计量经济学的方法，深入探讨变量之间的关系。第 5 章以消费者效用理论为基础，采用网络零售两阶段销售为背景，引入在线评论因素，分别将在线评论好评率和在线评论数量作为内生变量和外生变量，最终构建关于在线评论的网络零售定价模型。第 6 章阐述和总结各个研究内容的主要结论，并进行整体分析，构建了更为系统的概念模型，以此为基础提出了管理启示，同时指出可能存在的局限与不足，并提出需要进一步研究的方向。

本书的创新之处包括以下几点。首先，基于情感极性的不同，进行分类研究。关于在线评论发表意愿的研究大部分是单一地针对正面在线评论，或单一地考虑负面在线评论，再或者是不将正面评论和负面评论进行区分，笼统地对所有情感极性的评论进行分析。而本书认为，正面评论和负面评论在发表、采纳以及影响购物意愿机理上都存在明显差异，需要对其分别研究后，再进行比较和综合分析。为此，本书在发表评论意愿的研究中，针对正面评论和负面评论分别建立 2 个模型，来分析比较发表不同情感极性评论的前因差异。而在对购买意愿影响的研究中，根据评论的整体情感极性，以基准评论页面的好评率为界，将样本数据分成两组，构建了整体模型、低好评率模型、高好评率模型 3 个模型。其次，将评论热度引入在线评论采纳模型中，在线环境瞬息万变，为此本书研究不再单一地采用文献演绎模式，而是在文献演绎的基础上结合了扎根理论的质性研究方法，借助深入访谈，挖掘出影响在线评论采纳意愿的 4 个维度：评论质量、评论来源、评论热度和产品卷入度。其中评论热度是现有评论采纳文献未曾涉及的。最后，对在线评论的内生性进行了控制与分析。现有的研究大多证实评论数量对产品销量或购买意愿有显著影响，并将这一结果解释为评论数量的增加意味着产品信息量被披露得更多，也就意味着可以更大程度上消除消费者网络购物的风险感知，从而提高购买意愿。而现实中评论数量往往反映了产品的已有销量，对于大部分网上购买的产品或服务来说，只有发生购买行为后才能进行评价。因此，在线评论存在内生性，即产品销量（或购买意愿）会影响评论数量的多少。同时，评论数量越多，也就代表了越多的人购买了该产品，最终触发消费者的从众心理，提高购买意愿。因此，原有的研究无法解释评论数量对购买意愿的影响是来自评论自身披露信息所产生的效应，还是评论数量所代表的产品销量所触发的从众效应。为此，本书将评论数量和产品销量进行剥离，评论数量和产品（历史）销量同时展示给被试，并且确保二者间并没有相关关系。

本书能够丰富网络营销的相关理论，将评论的产生到最后的影响进行完整分析，不仅有助于正确理解在线评论生命周期中各个阶段的产生机理，更有助于将在线评论的理论系统化，为在线消费者行为领域相关研究提供新的视角、方法和手段。同时对于指导企业建立有效的口碑营销网络、获取竞争优势具有重要的实践意义和现实意义。

衷心感谢同济大学王洪伟教授为本书的内容和写作给予的建议和指导。感谢我所在的单位井冈山大学的领导和同事们，给我提供了一段相对宽松的写作时间。另外还要感谢同济大学出版社同志的辛勤工作，没有他们的齐心协力，本书不会这么快面世。

另外，由于笔者水平有限，加之时间比较仓促，书中一定存在不妥之处，希望专家、同行以及读者批评指正。

郭恺强

于井冈山大学

2019 年 2 月 25 日

目　　录

第1章

绪　论

1.1 研究背景

随着大数据、物联网和云计算等一系列新概念的出现和兴起，以及计算机和移动设备不断普及与便携，互联网迎来了高速发展的新时代。根据中国互联网信息中心(China Internet Network Information Center，简称CNNIC)《2018年中国网络购物市场研究报告》，截至2018年6月，中国网络购物消费者规模达到5.69亿人，与2017年年底相比增长了6.7%；手机网络购物用户规模达到5.57亿人，相较2017年年底增长10.2%。2018年上半年，我国网上零售交易额达到40 810亿元，同比增长30.1%，保持稳健增长势头。与之而来的网络购物评价的数量也以前所未有的速度增长。CNNIC《2016年中国网络购物市场研究报告》的调查显示，有77.5%的网购消费者认为，影响其购买决策的最主要因素是产品的评价即网络口碑。

由于社交网络与电子商务的不断融合，个体意见表达的成本趋于零，越来越多的消费者愿意通过网络发表对产品的评论，表达购物感受以及使用体验等，由此网络口碑应运而生。网络口碑在消费者表达自己想法的同时，给其他消费者提供了非商业性的参考，较商家的自我宣传更加能得到其他消费者的信赖。由此可见网络口碑对商家的影响已经不容小觑。随着越来越多的消费者积极发帖、分享经验，网络口碑就像一个雪球，在互联网这个信息道路上越滚越大。2015年，CNNIC《第35次中国互联网络发展状况统计报告》显示，有60%的网民对于在互联网上分享行为持乐观积极的态度，其中有13%表示非常愿意，47%表示比较愿意(图1-1)。以互联网为载体，网民在信息和资源等方面互相分享、互相借鉴，不但为自身降低了生活成本和交易风险，同时也为企业创造了新的商业价值。

图1-2则反映了各个年龄阶段网络舆论的表达意愿，在所有群体中，青少年群体的网络言论表达意愿最为强烈。尤其是10岁到19岁的网民，网上发言的积极性最高，其比例占了50.2%；其次是20岁到29岁的网民群体，其比例占了46.6%。青

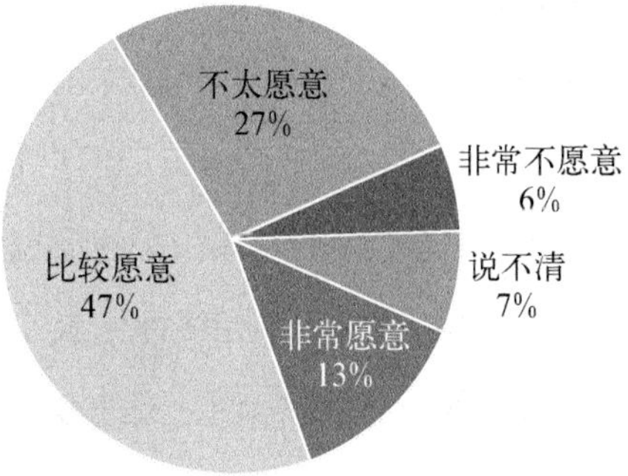

图 1-1 网民分享意愿

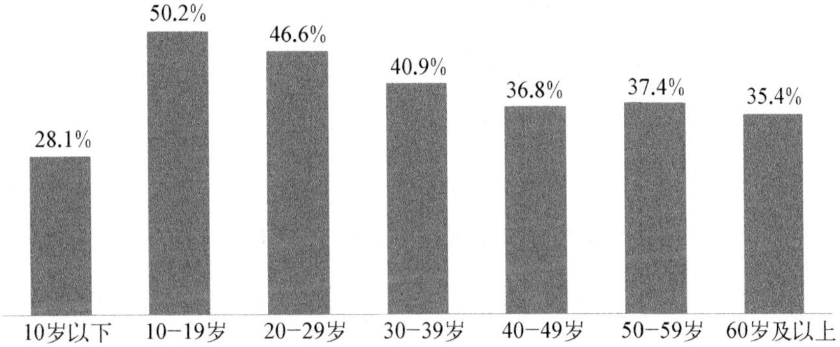

图 1-2 发表网络评论意愿在不同年龄阶段中的比例

少年处于思想意识萌发期,对网络言论表达的积极性较高,互联网给了青少年群体更广阔的自由表达空间。

1.1.1 在线评论对消费者行为的影响

在线评论(online review)是网络口碑最重要的一种形式,是网民通过网络渠道,发表自己关于产品、服务以及企业品牌等的观点、体验和评价,是网民之间的重要互惠分享的方式。

同时,在线评论作为口碑形式的一种,仍然延续了传统口碑的基本特性。研究表明,对于消费者购买的很多产品,口碑是最重要的信息来源,在影响顾客转换品牌方面,口碑的作用是广播广告的 3 倍,人员推销的 5 倍,报纸、杂志广告的 8 倍[1];在将消费者对品牌的不利或中性态度转化为积极态度方面，口碑的作用是广告的 10 倍[2]。以往的研究指出了口碑对消费者的选择和判断影响较大的几个原因：首先，口碑通常没有明显的商业目的，顾客认为口碑比传统媒体更加值得信赖[3]；其次，口碑传播是双向的，比报纸、杂志广告更生动，通过口碑方式获取的信息更容易从记忆中提取[4]。

将在线评论和商家提供的产品信息相比，在线评论具有公正性、广泛性和非商业性；而与传统的线下口碑相比，在线评论具有范围广、速度快、信息量大、可存储、匿名性和可测度性等特点。因此在线评论深得消费者信赖。

1.1.2 在线评论对商家的影响

随着网络化力量的兴起，越来越多的企业开始注重在线评论，部分企业甚至设有专职部门，随时监控企业的口碑走势。Jupiter Research 调查数据显示：超过 90%的大企业相信，在影响消费者是否购买的决定性因素中用户推荐和网民意见是至关重要的。美国口碑营销协会(WOMMA)和美国营销协会(AMA)2013 年的调查结果表明，64%的销售主管认为，口碑营销比传统营销更有效。虽然 WOMMA 和 AMA 的调查内容同时包括线上和线下口碑营销两种形式，但支出计划显示线上口碑营销更受青睐，调查结果显示，70%的营销人员表示他们公司将增加下一年针对网络口碑营销的支出，而只有 29%的被调查者预计他们会在线下口碑营销中增加支出。

以电影《大圣归来》为例，2015 年 7 月 10 日，当《大圣归来》这部动画电影与两部高人气青春片《小时代 4》《栀子花开》展开同档期竞争时，谁也没想到它能成为当时中国票房收入最高的国产动画电影。《大圣归来》在首映日当天的排片比仅为 7.25%，甚至不及《小时代 4》与《栀子花开》排片比的一个零头，但在之后，凭着电影本身过硬的质量，其正面口碑迅速蔓延开来，一时间“国产动画良心之作”“中国电影的新希望”等评论，铺天盖地出现在网络上，电影票房收入也随之划出了一道陡峭的上扬曲线，各家影院纷纷增加排片。最终，这部没有一个明星，上映前几乎无正式宣传的国产动画电影，在网络口碑的持续发酵下，实现了一次完美“逆袭”。尽管对于此次事件是精心策划的口碑营销还是网民自发的口碑传播并无定论，但在线评论的作用却显现无遗。在线评论的出现，为企业提高商品销量提供了新途径。同时在线评论也是一把双刃剑：一方面，正面评论可以使一个商品"一夜红遍大江南北"；另一方面，负面评论也可以让它臭名昭著。

总而言之，在线评论在互联网时代的重要性越来越显著，并有持续发展的态势，而随着互联网技术的不断创新，在线评论系统的功能和模式也经历着日新月异的变化，消费者的在线评论行为也随之改变，迫使企业需要不断地去探索和分析在线评论的运行机理和发展规律，从而帮助企业很好地制定 Web3.0 时代下的网络营销策略。

1.2　基本概念界定

1.2.1　在线评论

在线评论是传统口碑在网络环境的一种表现形式。在线评论与传统线下口碑最主要的区别在于，在线评论完全是通过网络渠道进行交流，因此和传统口碑比较，它具有无可比拟的优势。在线评论的传播具有低成本、高效率的特点，在线评论不再受传统口碑传播的边界限制，依托互联网，任何一个在线评论都是面向全世界的，在线评论的影响范围得以成倍扩大，并且在线评论作为一种电子数据，具有可存储、可追溯等特点，因此能够有效克服传统口碑随时间和距离的推进而迅速消退的缺陷[5][6]。

近年来，在线评论的快速发展以及蕴含的重要价值引起了国内外学者的广泛关注，大量学者从不同的方面对在线评论进行了定义。

Hennig-Thiirau(2004)以在线评论内容为重点，对在线评论进行了定义。他指出，在线评论是消费者对购买体验、产品价格、外观以及性能等特征的评价或描述。他认为，在线评论相对于商家提供的信息更加真实可靠，因为阅读者不仅可以通过在线评论系统获取评论信息，还可以对评论做出相应的回应，在线评论是消费者间的交流工具[7]。这一定义不仅阐述了在线评论的主要内容，还强调了在线评论的交互特性。

Park 和 Kim(2008)认为,在线评论是指先前的消费者、潜在的消费者甚至虚假的消费者对产品进行的任何正面、负面或中性的表述,可通过互联网广泛传播,并且被大多数群众或组织获取。和 Hennig-Thiirau 的定义不同,该定义扩展了在线评论来源的范围,有购买经历和没有实际购买经历的消费者都可以是评论发表者,具体情况根据在线评论系统的规定而不同,但无论是哪种消费者所做出的评论,都可以称之为在线评论。该定义还强调了评论的传播范围,那些未公开或小范围传播的评论并不在该定义之列[8]。Park 和 Kim 还认为,发表评论者一般具备两方面的作用:一方面充当信息提供者,另一方面又充当产品的推荐者。作为信息提供者,他们为浏览评论的网民提供有用的信息;而作为推荐者,他们借助在线口碑的形式向潜在的顾客提供建议。

Chen Yubo 和 Xie Jinhong(2008)也强调了在线评论的用户导向性,该提法加强了在线评论与消费者的关联性。他们认为,在线评论一般是指消费者在购物的过程中以及在对产品使用后所产生的感受进行描述。从消费者的角度对产品的功能和属性等方面进行评价,充当着免费"市场营销"的作用,能帮助潜在消费者以及网络购物新手,找到符合自己特定需求的产品[9]。

国内学者郝媛媛等(2010)认为,在线评论行为是指,除商品官方渠道外,大众可以通过互联网获得的任何针对产品、服务、品牌以及企业等特质的评价或服务的文本形式表述[10]。该定义在 Park 和 Kim 定义的基础上,强调了在线评论的获取渠道和文本形式。但随着在线评论系统的发展,图片、音频甚至视频形式的评论已不再罕见。

本书借鉴 Hennig-Thiirau、Park 和郝媛媛的定义,将在线评论定义为,网络上所有公开的关于产品、服务以及企业品牌等的观点、体验或评价。本定义不再限制评论的来源,评论发表者可以是已消费者,也可以是未消费者,甚至包括人为操作的评论,因为这类虚假评论和普通评论一样会对消费者的购买意愿产生影响。

1.2.2 在线评论系统

在线评论系统(online review system)是所有在线评论的行为载体,Resnick 等早在2000年就提出在线评论系统的概念：在线评论系统是指用于收集和传播消费者对购物体验的反馈和建议的信息系统[11]。而在线评论系统与传统的信息系统最显著的差异是在线评论系统的内容是由用户自主提供的，它的主要功能在于帮助口碑交流。

借鉴Resnick等人对在线评论系统的定义，结合在线评论系统的最新发展，本书对在线评论系统定义如下：在线评论系统是一个提供用户发表和阅读相关产品或服务评价的信息分享系统，也是针对商品和服务的声誉系统。在电子商务发展的初始阶段，在线评论系统只存在于购物网站内部，且只有在该网站上买过产品的消费者才能发表评价。随着社会化网络的兴起，以在线评论系统为基础，大批新型的网站应运而生，如导购网站、网络口碑网站、粉丝社区等。“真实消费”已不再是发表在线评论的必备前提。同时，为了更好地帮助消费者从庞杂的评论信息里快速定位出自己所需要的评论内容，营运商还对在线系统做了大量改进，如用户可以多次追加评论，用户可对评论进行“有用/无用”投票，用户可将评论共享到其他社交平台，在线评论排列次序也不再是单一的时间顺序，用户还可根据评论方向和有用性等属性进行重新排序。可以说，在线评论系统是一种新型的社会化信息分享系统。

1.2.3 在线评论生命周期

在线评论生命周期(life cycle of online reviews)是指，在线评论从产生到最终影响消费者购买决策的整个路径。其主要包括3个阶段：评论发表、评论采纳、产生影响，如图1-3所示。

评论发表为评论采纳阶段提供了信息源，评论发表阶段便决定评论的内容、质量、数量等属性。随后，潜在消费者将根据已有评论，以及评论来源等信息，确定评论是否有用，是否该采纳此评论。如果选择不采纳评论，消费者则会因为缺乏对产品的了解，无法消除其对网络购物的风险顾虑，而放弃购买行为。而一旦消费者决定采纳所阅读的评论，则会对所获得的信息进行深层次的加工，以此来判断产品的价值，如果产品价值超过他的预期，那么他的购买意愿将得到提升，否则其购买意愿将下降。

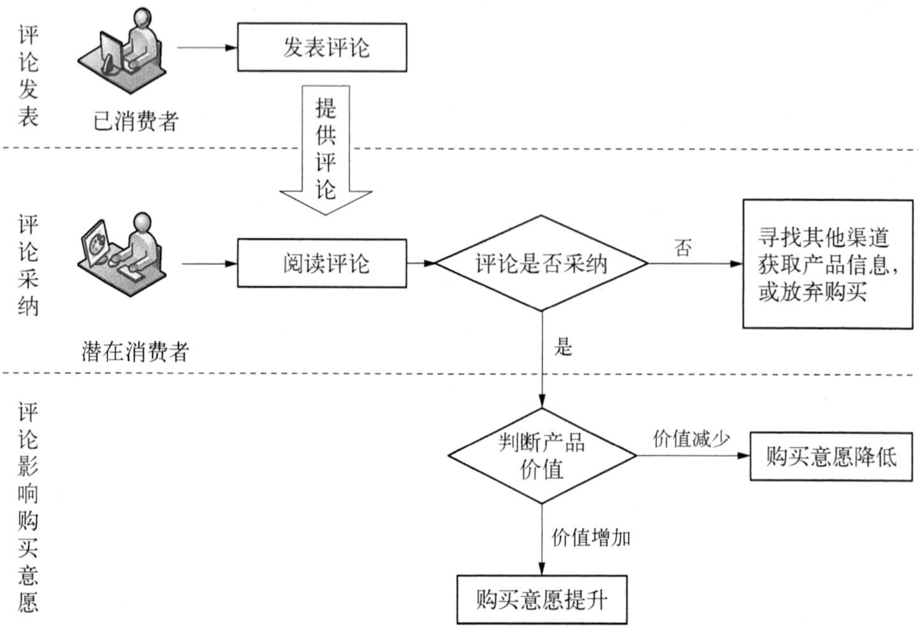

图 1-3 在线评论的生命周期

由于生命周期上的每个阶段都会对后续阶段产生深刻的影响,因此企业必须掌握在线评论生命周期上每个阶段的产生机理,才能真正地将在线评论变成企业管理的重要手段。所以,本书以在线评论生命周期为主线,通过理论分析、扎根理论、实验手段、实证分析等多种途径来探索在线评论发表、采纳以及对消费者购买意愿的影响因素。最终,为电子商务企业制定口碑营销策略提供理论指导。

1.3 相关研究评述

1.3.1 在线评论发表相关研究

由于在线评论和传统口碑的相似性,多数在线评论的研究都是基于传统口碑的视角。关于消费者发表在线评论前因,主要从以下 3 个维度展开: 一是基于消费者的行为动机，二是基于消费者的人格特质，三是基于消费者的购物体验。

1. **行为动机**

关于传统口碑动机最有影响的研究是 Dichter 在 1966 年进行的，他将传播信息的动机分为 4 大类。① 与产品相关的动机。由于信息的缺乏或不对称，消费者在使用产品的过程中会产生一定的紧张感，这种紧张感需要通过向别人介绍、推荐产品来消除；另外在此过程中，还会产生愉悦感，消费者也需要与人分享这种愉悦。② 与自我相关的动机。向他人推荐产品是对自己品位的一种肯定。③ 与他人相关的动机。传播产品信息满足了人们给予他人信息，与他人分享信息和情感的需求。④ 与信息相关的动机。消费者传播产品信息不一定具有亲身体验或使用的经历，他们会因为通过其他渠道了解到产品信息，比较感兴趣，从而促成信息的传递[12]。Engel(1993)修正了 Dichter 的模型，认为减少不和谐(dissonance reduction)也是负面口碑传播的动机[13]。Sundaram 等(1998)分别针对传播正面口碑行为和传播负面口碑行为调查了 363 人和 368 人，采用关键事件技术方法对数据进行分析，分析结果表明，传播负面口碑和传播正面口碑的动机有所区别。其中，参与正面评论的动机有利他主义、产品卷入、自我提升和帮助公司；而参与负面评论的动机有利他主义、减轻焦虑、报复和搜寻忠告[14]。

目前针对在线评论发表或传播动机的研究以 Hennig-Thurau 为代表，Hennig-Thurau 等(2004)认为，传统口碑对动机的分类同样适用于在线评论行为，并将传统口碑行为的动机研究扩展到了网络环境。在总结传统口碑文献研究的基础上，以网上 2000 名消费者作为样本，获得消费者在线评论的动机，发现消费者对于社会交往的渴望、物质上的奖励、关心其他消费者、提高自我价值是发表和传播在线评论的主要驱动因素[7]。Cheung 等(2012)从社会心理学的角度，提出消费者发表在线评论的动机，利用 OpenRice.com 的真实数据从自我主义、集体主义、利他主义、原则主义、知识自我效能 5 个维度考察。结果显示，声誉、归属感、乐于助人是消费者发表正面在线评论的动机[15]。蔡淑琴等(2016)对负面在线评论的发表意愿进行了研究，从消费者动机出发，结合社会资本、消费情感和信息价值等 3 个维度进行了实证研究，结果表明,发泄和利他主义是触发负面在线评论发表的重要动机[16]。

2. 人格特质

人格特质也被大量地应用于解释个体行为上,人格作为个人的心理面貌,直接影响个人的外在行为特征。人格是个体特有的特质模式和行为倾向的统一体。尽管现有研究中有大量的关于人格特质的分类方法,但近年来,大五人格分类系统逐渐被人们普遍认同,学术界也趋于一致。人格的基本结构由五大因素构成,分别是外向性、宜人性、尽责性、神经质和开放性[17]。① 外向性,表示人际互动的数量和密度、对刺激的需要以及获得愉悦的能力,表现出热情、自信、有活力,还具有幸福感和善于社交的特性。② 宜人性,考察个体对其他人所持的态度,这些态度既包括亲近人的、有同情心的、信任他人的、宽大的、心软的,也包括敌对的、愤世嫉俗的、爱摆布人的、复仇心重的、无情的。得分高的人乐于助人、值得信赖和富有同情心,注重合作而不强调竞争。③ 尽责性,表示克制和严谨,与成就动机和组织计划有关。尽责性用来评估个体在目标导向行为上的组织、坚持和动机。尽责性反映个体自我控制的程度,以及推迟需求满足的能力。高分者做事有条理、有计划,并能持之以恒。④ 神经质,主要评估的是情感的调节和情绪的不稳定性。神经质得高分的个体倾向于有心理压力、不现实的想法、过多的要求和冲动以及不适应的应对反应。那些经常感到忧伤、情绪容易波动的人在神经质性的测度上会得到高分。⑤ 开放性,是指对经验持开放、探求态度,而不仅仅是一种人际意义上的开放。这个维度将那些好奇的、新颖的、非传统的以及有创造性的个体与那些传统的、无艺术兴趣的、无分析能力的个体做比较。构成这一维度的特征包括活跃的想象力、对新观念的自发接受、发散性思维和智力方面的好奇。Sergio 等(2010)采用扩展计划行为理论和五大人格特征(包括经验开放性、尽责性、外向性、亲和性、情绪不稳定性)构建理论模型,实证结果表明,扩展计划行为理论中的态度、感知压力以及人格特质中的尽责性和情绪不稳定性对消费者发表正面在线评论有显著影响[18]。郭恺强等(2014)从消费者购物体验满意度和消费者人格特质两个维度进行研究,采用结构方程模型对理论模型和研究假设进行实证分析。结果表明,影响消费者发表正面网络口碑的首要因素是消费者购物体验的满意度，其次是消费者个人特质中的外倾性和宜人性。消费者个人特质中的尽责性、神经质和开放性对正面网络口碑的发表没有影响[19]。

3. 消费体验

消费体验中消费者会对整个消费过程进行综合评价，该评价是消费者综合考虑了各个因素后对整体消费过程产生的一种总体心理评价。具体来说，该评价可通过消费总效用和总成本之差来衡量，或者不少学者用感知利得和感知失利的距离来权衡，大量研究用满意度来量化这一评价[20]。

Westbrook(1987)指出消费体验会触发口碑行为，并以情感反应为基础进行研究，将购后行为分成三种核心形式：满意的赞扬、对销售人员的直接抱怨和口碑传播。通过调查汽车和有线电视客户，发现不满意的顾客比满意的顾客更容易产生负面口碑[21]。Nyer(1997)将消费体验后的情绪分成三类：喜悦、愤怒和悲伤。通过实证分析发现：喜悦情绪不仅可解释消费者正面口碑传播意愿 58%的方差，还可以解释负面口碑传播意愿 31%的方差；悲伤和愤怒两种情绪解释消费者正面口碑传播 4%的方差，负面口碑传播 17%的方差[22]。Anderson(1998)以美国和瑞典消费者为研究对象，对满意度和传播口碑行为的关系进行了实证研究，结果发现：满意度和口碑之间是 U 形的曲线关系，当消费者对消费体验的满意度越极端时，其传播口碑的可能性越大；而当消费者对消费体验的感知较平淡时，即满意或不满意的程度不强烈时，消费者传播口碑的可能性也较低。另外，该研究还发现，相比于满意的消费者，不满意的消费者更容易发生传播口碑行为[23]。不仅如此，该研究还认为，负面网络口碑的传播速度要快于正面网络口碑的传播速度。Susskind(2002)的研究支持了同样的观点。他以餐厅为研究对象，通过调查研究发现，当消费者对餐厅服务不满意时，消费者会传播负面口碑，且传播意愿很强。而当他对餐厅服务感到满意时，虽然也会传播正面口碑，但其传播的范围要远远小于他不满意时所传播的负面口碑[24]。杨学成等(2009)以中国餐饮行业为例，探讨了消费体验中服务补救水平对顾客满意度和口碑传播意向的影响。文章首次提出了服务补救对口碑传播意向影响的斜向反 S 形关系图，并以中国企业为背景，开发了更全面的口碑传播意向衡量体系[25]。郭恺强等在 2014 年的研究中发现消费者购物体验满意度显著影响消费者发表正面在线评论，并在随后研究中针对正面评论和负面评论分别建立两个理论模型，采用结构方程模型，对研究模型进行实证检验。结果表明，影响消费者发表正面在线评论的首要因素是消费者对在线评论系统的感知有用性，其次是消费者对购物体验的满意度；而影响消费者发表负面在线评论的首要因素是消费者对购物体验的不满意度，其次是消费者对在线评论系统的感知有用性[26]。

4. 文献评述

综上所述，对在线评论发表意愿的研究，大部分是从消费体验的维度进行展开的，这一维度的研究数量多，并取得较为一致的结果，即衡量消费体验的满意度对在线评论发表意愿有正向的影响。另外，在其他维度的研究中，也大量将消费者体验纳入研究模型中一并考虑，充分说明消费者体验是影响在线评论行为最关键的前因变量。

同时，现有对发表在线评论意愿的研究大多都忽略了发布媒介的影响。近年来，在线评论类网站在不断地推陈出新，发表在线评论的方式越来越多样化，消费者可选的评论发表渠道也越来越多，什么原因促使消费者选择某个评论系统，则是由该在线评论系统自身特征所决定的，因此对在线评论发表意愿的研究应该考虑在线评论系统这一维度。

另外，随着在线评论的飞速发展，在线评论的形式和影响都有了极大改变，如“恶意差评”“差评报复”“有奖好评”等新现象，都导致消费者对发表在线评论行为有了新的认识。而现有的相关研究存在滞后，未能将这些新的变化考虑进去。

最后，关于在线评论发表意愿的研究，大部分是单纯地针对正面在线评论，或只考虑负面在线评论，再或者是不将正面评论和负面评论进行区分，笼统地对所有情感极性的评论发表意愿进行分析。而本书认为，正面评论和负面评论发表的影响机理存在明显差异，需要对其分别研究，再进行比较。

1.3.2 在线评论采纳相关研究

针对在线评论采纳的研究，主要集中在三个方面：在线评论内容、在线评论来源和在线评论接收者。

1. **在线评论内容**

在线评论内容对消费者接受在线评论的程度有着重要影响，同时也对消费者购买行为决策有重要作用。

Ghose和Ipeirotis(2007)的研究从评论文本本身的角度出发，把评论分为："包含客观信息的评论"，即包含产品的特征，并对产品是否符合商家的描述进行肯定或反对的评论；"包含主观信息的评论"，即包含消费者对产品或者购买体验给出的带有主观情绪或者个性化的评论。研究表明，主客观性分析可以提供关于评论有用性和评论对产品销售影响的有用线索：评论的主客观性对评论的有用性有很大的作用。客观信息对搜寻型商品更加重要，而具有更多主观意见的评论对体验型商品，如电影DVD等则更加重要[27]。Mudambi等(2010)在借鉴信息经济学中搜索商品和体验商品的范式后，通过对两类六种产品的研究发现，评论长度、评论极端性(积极、消极或者中性)、评论深度(评论内容的广度)和产品类型都会对在线口碑有用性产生影响。评论深度对两种商品都有积极的作用，而极端评价在体验商品中更为有效[28]。Cheung、Lee和Rabjohn(2008)认为，在线评论对消费者的采纳行为主要体现在在线评论有用性感知，也就是在线评论的说服强度，并认为评论质量是在线评论说服强度的主要因素，且主要包含了相关性(即在线评论是否对决策有用)、及时性(主要考虑在线评论是否及时)、准确性(主要指在线评论的准确性)和完整性(主要是指在线评论是否包含所需的信息)。最后通过实证分析发现，在线评论质量的相关性和完整性两个维度能够影响消费者对在线评论的有用性感知[29]。O'Mahony和Smyth(2010)认为，在基于用户的产品评论的背景下，可以从评论文本结构和可读性这两个方面来分析，从而得出影响在线评论有用性的因素。该研究表明，文本结构特征包括大小写字母所占比率、网页代码＜br＞＜p＞标签数量在整个评论文本中的比率、单词句子数量以及音节数量等，该结构特征显示评论长度即包括单词数量和句子数量对有用性有正面影响，可读性特征包括易读性指数、难度级数、迷雾指数，评论的可读性值越低，那么评论的有用性就越低[30]。Schindler和Bickart(2012)的研究发现，如果网络口碑的表达方式不当，如口碑中出现拼写错误、语法错误、语言重复等，则该网络口碑往往会被消费者认为价值不大；但是，即使网络口碑的表达方式得当，消费者却也没有表现出更多的兴趣，也即消费者并不认为表达方式得当的网络口碑具备更高的价值。可见表达方式仅仅是网路口碑有用性的满意因素，却不是激励因素[31]。Tsao和Hsien(2015)以中国台湾勤益科技大学320名大学生为研究样本，共设置8个实验场景，通过实证分析发现，在线评论质量正向影响评论可信度和购买意愿，在线评论平台在评论质量和评论可信度，以及评论质量和购买意愿的关系中起到调节作用，当产品为搜索型产品时，这一现象更为显著[32]。Qazi等(2016)通过收集TripAdvisor.com网站上1500个酒店评论来寻找影响评论有用性的关键因素。结果发现，评论中的观点数、每个观点的平均长度、评论类型中的比较性评论和建议性评论均会影响评论的有用性。评论类型中的规范评论则对评论的有用性没有显著影响[33]。

2. 在线评论来源

传统口碑传播范围局限于强关系网络，信息来源的可信度较高，因此对消费者态度和行为意向有较大影响[34]。但在线评论的弱关系属性，使得在线评论的发布者对接收者而言，动机和能力都是未知的，因为任何人都可以在互联网上发布消费体验或实际购买经历，因此，在线评论来源的可信度受到影响，尤其是企业雇佣网络水军事件的出现。而对在线评论来源可信度方面的研究，目前的研究大多是从在线评论发表者的可靠性和专业性进行研究[35]。

可靠性是指评论接收者认为评论发布者具有公正、客观的态度。专业性则是指相信信息源有能力提供正确信息的程度[36]。在线评论传播渠道并没有对于发送者的专业性特征给出一定的判别线索，消费者则往往会根据发送者以往发布的评论数量与评论内容判断发送者的可靠性和专业性，在此基础上形成对现有评论的判断[37]。

Gilly等(1998)认为，在线评论来源的可信度主要是由在线评论发送者的信息感知处理能力(也就是专业性)和在线评论发送者提供准确、真实信息的动机(也就是可信赖程度)所决定的。其研究发现，在线评论发送者的专业性越强，对消费者购买决策越有影响力[38]。Forman 等(2008)认为,在线评论发送者相关身份信息的公开,可以影响社区中会员对在线评论的认可程度,以及最终影响产品的销售情况。他基于信息处理理论,以亚马逊网站(Amazon.com)为例,通过实证的方法证实,亚马逊网站上口碑发送者公布的身份信息,如年龄、性别、地址,能够显著地影响消费者对于网络口碑的有用性评价,特别是当口碑信息比较明确时,身份信息披露对于口碑有用性的正向影响更大,而身份信息的披露直接影响消费者对来源可靠性的感知[39]。

但是也有研究得出了不同的结论,如 Cheung、Lee 和 Rabjohn(2008)以双重加工模型和信息采纳模型为基础,以中国香港 Openrice.com 网站为研究案例,通过对154 名用户的调查发现,信息源的可靠性和专业性对于信息有用性的影响都不是太明显,因为用户可以任意地注册并发表评论,并没有经过专门授权或者权威认证,消费者需要自己去辨别信息源是否专业,而这对于消费者而言是比较困难的[29]。Racherla 和 Friske(2012)以美国 Yelp.com 网站的数据为研究对象,实证研究结果甚至发现,发送者专业性与口碑有用性之间呈负相关关系[40]。

Chakravarty 等(2009)[41]以及 Jong 和 Christian(2013)[42]以电影行业为研究背景,将在线评论分为两类:用户评论和专家评论。用户评论一般由普通的电影观众发布,用户评论更多的是表达自己的观点,很少对电影的技术和艺术进行评价。专家评论则一般由专业的影评人士发布,专家评论更多的是关注电影的技术和艺术方面,从而迎合“精英人士”的口味。实证结果证明,不常看电影的消费者更愿意采纳普通用户评论的意见,而常看电影的消费者则更青睐专家评论。宋雪雁(2010)在技术接受与利用综合模型(UTAUT)的基础上,从分析用户信息行为的机理入手,从主体因素、客体因素和社会因素三个维度探讨了用户信息采纳行为,并构建了“信息采纳行为模型”。研究结果表明,绩效期望、易用期望、社会影响以及风险认知对用户的信息采纳意愿有显著影响,而促进条件直接影响信息采纳行为[43]。

根据以上的归纳,可以发现可靠性和专业性对评论采纳影响的研究结果并不统一,之所以出现这种差异,可能是研究的数据样本或研究方法不同所致。在研究所用的数据上,有的是用美国市场的数据,有的则来自中国市场。而在研究方法上,虽然大部分研究都是采用实证研究的方法,但有些学者是通过问卷调查,采用结构方程模型的方法,而有些学者则是通过收集网站上的二手数据,采用计量经济学的方法。虽然以往研究的结果出现了较大偏差,但是在线评论来源的可靠性和专业性的重要性却不容置疑。

另外,大部分学者对评论来源的研究集中在评论发表者身上,而部分学者认为,在线评论系统也属于在线评论来源的范畴,并对此加以研究。经过近几年的迅猛发展,在线评论系统出现了多种形式,大部分学者根据归属权将在线评论系统分为两类:购物网站在线评论系统、第三方的在线评论系统。由于第三方的独立性,消费者往往认为该网站的评论更为真实可靠,因此更愿意采纳该网站上的在线评论[44]。王洪伟等(2015)以第三方的点评网站为研究对象,在TAM模型的基础上,引入感知风险因素,构建了消费者在第三方点评网站上的评论采纳模型,通过结构方程模型对研究假设进行验证。结果显示,网站可信度、网站专业性正向影响消费者对网站上评论的有用性感知[45]。

近年来,也有学者扩充了在线评论来源的研究。Kiecker和Crowles在2001年提出了吸引度,认为在线评论发送者和评论接收者的相似度、熟悉度和亲和度会影响消费者对在线评论的采纳[46]。Steffers和Burgee(2009)则进一步对在线评论发送者的相似性进行了研究,发现在线评论发送者和接收者之间在年龄、性别、受教育程度和社会地位的相似性对消费者的信息采纳有重要影响[47]。同年,还对在线评论发送者和接收者之间的社交关系进行了研究,发现社会关系的强弱也是影响消费者对在线评论信息采纳的重要因素[47]。

而随着在线评论与社交网络融合发展的新趋势,Brown等则对评论发布者的社会性因素产生了高度重视,并认为这一因素也可能对在线评论有用性产生重要的影响[48]。不少学者将网络中心度作为个体的社会性因素的一个重要维度,而网络中心度是衡量个体在社会网络中影响力的重要指标[49][50]。而殷国鹏(2012)则通过实证研究证实,在线评论发布者的内向网络中心度和外向网络中心度与评论有用性之间具有显著的正相关关系。该研究还探讨了评论发布者的关系多样性对于评论有用性的影响，但并未得到数据的支持[51]。

3. 在线评论接收者

在线评论对于消费者的影响因人而异，为此，学者们认为接收者的专业性、涉入程度和性别等人口统计特征会影响消费者对在线评论的信息采纳。

Sussan 和 Siegal(2003)认为，接收者的专业性使得消费者在信息采纳的过程中会着重以自己的知识来判断在线评论的可信度，进而做出决策。接收者对商品或服务的专业性主要可以分成熟悉程度(经验)和专业知识，并通过实证研究发现接收者的经验和知识在互联网环境中对信息采纳的中枢路径和边缘路径有影响作用[35]。金立印在 2007 年通过比较不同卷入度情况下消费者对在线评论的采纳意愿，发现高卷入度比低卷入度更容易受到在线评论的影响。同时在高卷入度下，负面在线评论对消费者行为决策的影响也更大。而卷入度是指消费者基于关心、期望和价值对商品或服务所感知到的重要程度和关联性程度。按照关联程度和重要性程度的不同，可以分为高卷入度和低卷入度[52]。Cheung、Luo 和 Chen 在 2009 年发现在线评论接收者的卷入度不同对消费者购买意向有不同的影响。消费者对商品或服务的卷入度较高时，会倾向于收集更多信息进行详细分析后形成购买决策；反之则会更多倾向于关注在线评论中正负面评论分布状况和发送者的权威性等方面形成决策[53]。Doh 和 Hwang(2009)的研究表明，如果消费者对于产品的涉入程度较高，往往会对正向口碑产生一定的怀疑，负面口碑的影响作用更大。该研究还探讨了消费者对产品的先验知识在口碑有用性影响过程中的调节作用，发现消费者对于产品的先验知识越多，对负面口碑就越敏感[54]。

Garbarino(2004)和 Dellarocas 等(2007)则从接收者的人口统计学特征出发，研究主要包括性别、年龄、受教育程度等方面。研究发现，在线评论的接收者性别会影响消费者对在线评论的有用性感知，女性相对于男性而言更容易受在线评论的影响[55][56]。

4. 文献评述

随着 Web3.0 的到来，在线评论已成为消费者选择商品与服务的重要依据，这直接引发了商界和学术界对于“消费者会采纳什么样的在线评论”或“消费者认为什么样的在线评论更有用"这类问题的探讨。本书在文献梳理的基础上发现,关于这一问题的回答主要集中在三个方面:内容因素、来源因素和接收者因素。其中,内容因素的研究比较庞杂,主要借助文本分析技术和基于传统的信息处理理论,尚未形成具有较大影响力的权威模型[57]。当前研究主要集中在评论长度、评论深度、评论完整度、评论情感极性等方面,但是研究结论存在严重的不一致,甚至出现了完全相反的结论。来源因素的研究相对成熟,主要集中在可靠性和专业性两个方面,而且可靠性的影响得到了学者的一致认可,但是对于专业性的影响并未达成一致的意见。接收者因素主要探讨了接收者的卷入度与专业知识对于其中某几条路径的调节作用,该领域的研究刚刚起步。

1.3.3 在线评论影响购买意愿相关研究

关于在线评论对购买意愿影响的研究,主要有两种模型:一是直接通过实验或调查问卷的方法,来获得消费者的购买意愿,从而展开后续研究;二是用产品销量作为购买意愿的替代,学术界普遍认为,购买意愿是消费者采取消费行为的基础,购买意愿代表了消费者购买产品或服务的可能性,而产品销量是消费者购买意愿的整体体现[58][59][60]。

1. 在线评论对购买意愿的影响

Park、Lee和Han(2007)通过研究在线评论在消费者购买意愿的过程中卷入度的调节作用,有三个发现:在线评论的质量对于消费者的购买意愿有着正面的影响;当在线评论发布量增加时也会促使消费者购买意愿的增加;而对于消费者来说,低卷入度下受到评论发布量的影响要比评论质量的影响要大,但是高卷入度的消费者只有当评论为正性的时候,才会受到评论发布量的影响[61]。Zhang等(2014)以启发式系统性模型为理论基础,通过对191名用户的调查分析发现:消费者购买意愿不仅受到在线评论质量的影响;来源可信度和评论数量也对消费者的购买意愿有直接作用[62]。Zhang,Cheung和Lee(2014)则通过实验方法模拟真实环境,对部分变量进行控制,利用结构方程模型进行分析发现,当消费者面对不一致的评论时,情感的信任对购买意向的影响更强，同时女性更易受到不一致的评论的影响[63]。

国内学者左文明等(2014)以社会资本为视角，引入结构度、认知和关系维度，构建了在线评论与购买意愿的关系模型，并以“美丽说”和“蘑菇街”的用户为调查对象，通过问卷调查收集数据进行实证分析。结果表明，在线评论的质量和数量显著影响购买意愿，同时社会化电子商务中的虚拟社会资本对在线评论的数量和质量都存在着显著影响，因此社会资本可通过网络口碑的中介作用间接影响购买意愿[64]。杜学美等(2016)构建在线评论对消费者购买意愿的影响模型，并引入了接收者专业能力这一调节因素，最后通过实证方法对该模型进行了检验和修正。研究结果显示：在线评论功能价值类因素，包括评论的数量、评论的质量、评论的效价都正向影响消费者的购买意愿；接收者心理表征类因素，包括感知风险、卷入度、信任倾向都显著影响消费者的购买意愿；同时，证实了接收者专业能力对评论的质量、评论的数量与购买意愿之间的关系有着调节作用，但是对消费者感知风险与购买意愿之间的关系并无调节作用[65]。

2. *在线评论对销量的影响*

关于在线评论对于产品销量的影响，学者们从各自不同的角度出发，目前已经有较为丰富的实证研究结果证明其关系。尽管当前的研究结论并不完全一致，但多数结果呈现出二者的相关关系是无疑的。

Chevalier 和 Mayzlin(2006)以亚马逊(Amazon.com)和 BarnsandNoble 网站为样本数据来源，研究了书评对图书在线销量的影响。研究结果认为，评论质量的提高对图书销量的提高有着很大的帮助，并且发现 1 星评论(极端差评)比 5 星评论(极端好评)对销量的影响更大。也就是说，那些负性评论比正性评论的影响要大得多[66]。Liu(2006)以电影发布前雅虎电影(movies.yahoo.com)论坛上的影评为解释变量，并且以发布后的电影票房作为被解释变量，对于影评与电影票房之间的关系构建了线性回归模型。实验结果发现，产品评论的数量比评论的极性(即正负评论的比例)对票房收入具有更为显著的解释力。产品评论的数量和电影的票房收入正相关，而且不论是积极的产品评论还是消极的产品评论都会增加电影的票房收入[67]。Cui、Lui

和 Guo(2012)经过九个月来对亚马逊网站 332 件新产品的面板数据分析,发现评论的效价和评论发布量对于搜索型产品有着很强的影响力,而对于体验型产品,评论发布量更是极其重要的。评论发布量对于上市不久的新产品来说影响更大,而一段时间过后,随着上市时间变久,其影响力也逐渐减弱。最后还指出,负性评论要比正性评论的影响力更大,这在一定程度上证明了负性偏见的存在,建议商家在推出新产品并设计营销策略时,要多注意这些影响因素的区别[68]。Duan 等(2008)研究了影评与票房的动态影响关系,分别从雅虎电影网站(movies.yahoo.com)收集影评和 Mojo 网站收集票房信息,建立联立方程组模型,运用三阶段最小二乘法进行参数估计。结果发现,影评应为内生变量。影评既是票房的先导因素,也是票房的产出变量,二者相互影响。影评数量的增加会提高票房,票房的增加也会带来影评的增加。但评价得分和票房收入却没有得到证实[69][70]。Zhu 和 Zhang(2010)通过对电子游戏产业的面板数据的研究,检验了在线评论对产品销量的影响时产品特征和消费者特征的调节作用。结果表明,在线评论对那些不流行的游戏和上网经验丰富的玩家有更大的影响。该研究还指出,在线评论对同类别的不同游戏产品有不同的影响,建议企业的互联网销售策略关注产品和消费者特征[71]。郝媛媛等(2009)收集了美国在 2006 年度的电影市场相关数据,利用线性回归模型分析不同情感极性的影评是否影响票房,以及影评极性对电影上映后的哪些阶段存在影响。实证研究的结果表明,在电影上映后的第 3 周,影评对电影票房有显著影响,并且极端好评的正向影响大于极端差评的负向影响[72]。龚诗阳等(2013)通过研究图书在线评论对图书销量的影响,以当当网的大样本面板数据进行研究,发现线上消费者评论对图书的销量有显著的影响。其中,评论数量和评论效价对销量有显著的正向影响,评论差异有显著的负向影响。并且,线上评论的影响随产品生命周期而逐步减弱。当产品处于生命周期的早期,评论数量、评论效价和评论差异的影响均非常显著;而当产品处于生命周期的中后期,仅有评论数量还产生重要的作用[73]。Zhou 和 Duan(2015)以在线软件市场为研究背景,对购物网站的在线评论和第三方网站的在线评论进行了比较,将评论数量作为内生变量,通过收集 Download.com 和 Amazon.com 网站数据,并利用联立方程模型和贝叶斯分层框架进行实证分析。结果表明,第三方网站的评论会增强产品历史销量对购物网站上评论数量的影响,并且第三方网站的评论对产品销量的影响要远远大于购物网站上的评论对产品销量的影响[74]。

综合上述研究,可见在线评论对销量的影响情况是比较复杂的,研究人员所选取的模型、变量的不同会造成结论上有所偏差,而更重要的是由于产品种类、购物环境的不同也会造成影响情况不尽相同[75]。

3. **文献评述**

总体而言,两种研究模式各有利弊。现有针对在线评论和购买意愿的研究结论较为统一,研究方法上大多采用实验与调查问卷的方法,其局限性在于问卷数量有限,问卷问题设计不一定合理,得到的答案不一定准确,调查对象不一定具有代表性与典型性等,使得样本质量不高,进而影响实证研究结果的有效性。这一模式的研究大多关注一个正面或负面评论所产生的影响,而针对在线评论集合的影响研究则较少。

针对在线评论对产品销量影响的研究大多采用计量经济学方法,但研究结论差异较大。主要分歧在“评论的情感极性是否对产品销量有影响”“负面评论比正面评论对产品销量的影响更大”以及“评论数量是否是内生变量”等问题上。而实际上,产品销量受产品评论、商品种类、质量、价格等多种因素的影响,很多变量难以控制,并且不同的模型、数据和计量分析方法,得出的实证结果都会产生差异。

第 2 章

在线评论发表的影响因素研究

消费者对消费体验的满意(或不满意)程度,被认为是口碑行为的最关键前因变量。大量关于满意度和口碑意愿的研究显示,满意度可以解释 30%以上口碑意图的变化。因此,本书将基于满意度的维度进行研究。目前,对发表在线评论前因的研究都是在排除发布媒介下进行的,没有考虑在线评论系统本身对发表评论意愿的影响。传播口碑的方式多种多样,为什么选择通过在线评论系统传播,则是由在线评论系统自身特征所决定的。同时随着商家对在线评论重要性认识的提高,“发表好评可获得物质奖励”成为一种常见的商家策略,而“用户因发表差评受到商家报复”的事件也屡见不鲜。为此,本书将考虑在线评论的最新发展现状,将物质奖励、风险感知纳入分析模型中。

另外,关于在线评论发表前因的研究大部分是针对正面在线评论(如参考文献[43][50][53][55]),而仅有小部分涉及负面在线评论(如参考文献[40][45][51]),导致难以对正面在线评论发表前因和负面在线评论发表前因进行比较分析。综合以上因素,本章将从购物体验、在线评论系统、消费者层面、物质奖励和风险感知 5 个维度进行分析,针对正面评论和负面评论分别建立 2 个模型,来分析比较发表不同情感极性评论的前因差异。

2.1 研究模型与假设

本节通过对已有研究文献的回顾,梳理因素间的关系,针对正面评论和负面评论分别建立 2 个模型:① 消费者发表正面评论的前因模型,简称正面评论发表模型;② 消费者发表负面评论的前因模型,简称负面评论发表模型。

2.1.1 满意度

Oliver[76]认为,满意度是消费者需求得到满足后的一种心理反应,是消费者对产品的期望与实际感知绩效之间的差距进行评估之后的产物,它反映了消费者的一种感知状态水平。显然,判断这种满足程度的标准不同,消费者的心理感知就不一样。当消费者感知的效果“达到”或“超过”期望时，即达到了满意状态，反之将导致消费者的不满。

恩格尔—科拉特—布莱克威尔模式，简称 EKB 模式，将购买决策的最后一个阶段称为购后行为。例如：购买产品之后，消费者在使用过程中感受如何；对购买的产品是否满意；产品丧失使用价值之后，如何被消费者处理等。典型的购后行为有 2 种：重复购买和传播口碑。消费者通过亲身使用或根据他人评估，重新考虑购买这种商品是否值得，从而形成购后感受。通常这种感受可用满意度衡量。购后满意度的高低，不仅影响到消费者本人重复购买的意愿，还会通过口碑效应影响到他人的购买决策[77]。

Anderson[23] 指出，满意度和口碑行为之间呈现出 U 形曲线关系：在消费者觉得非常满意或者非常不满意的情况下，口碑行为会越有可能发生；而当购物经历普通，满意或者不满意的程度不强烈时，消费者多半不会产生口碑行为。这一结论得到大量研究佐证。

一般而言，满意的消费者发表负面评论的可能性极小，反之亦然。为了提高实证部分的精确度，本书将满意度分为 2 种类型：正向满意度和负向满意度。正向满意度是指在消费者对购物体验整体满意的前提下的满意程度。正向满意度的度量是从“不确定是否满意”到“非常满意”。负向满意度是指在消费者对购物体验整体不满意的前提下的不满意程度。负向满意度的度量是从“不确定是否不满意”到“非常不满意”。因此，在正面评论发表模型中，本书只考虑正向满意度，而在负面评论发表模型中，本书只考虑负向满意度。

基于以上资料，正面评论发表模型提出以下假设——

H1a：消费者正向满意度正向影响消费者发表正面评论意愿。

负面评论发表模型提出以下假设——

H1b：消费者负向满意度正向影响消费者发表负面评论意愿。

2.1.2　在线评论系统

在线评论系统是提供用户发表和阅读相关产品或服务评价的信息分享系统，也是针对商品和服务的声誉系统，是在线评论相关行为的载体。根据最新的 CNNIC 调查报告，超过 90%的商品在线评论是通过在线声誉系统发表。目前，几乎所有的电子商务网站(如淘宝、拍拍、京东商城和卓越亚马逊等)都提供在线评论系统,主要功能包括对产品和服务的评价打分以及文字评论,这些功能有助于消费者辨别哪些商家更值得信任,从而为电子商务市场的诚实守信提供了动力[11][78]。目前,对发表在线评论前因的研究都是在排除发布媒介下进行的,没有考虑在线评论系统本身对发表评论意愿的影响。传播口碑的方式多种多样,为什么选择通过在线评论系统传播,则是由在线评论系统自身特征所决定的[26][79]。

在信息技术接受领域中影响最大、最稳健且精简、易懂的理论是技术接受模型(Technology Acceptance Model,简称 TAM)。TAM 模型运用理性行为理论,解释人们对信息技术的接受。TAM 认为,使用行为是由行为意向决定的,而行为意向由使用态度和感知有用性直接决定,使用态度则是受感知有用性和易用性的影响[80][81]。毕继东(2009)通过总结 TAM 的应用,指出 TAM 的解释力和量表的有效性在不同用户群体、技术、组织环境下不断得到验证[82]。

1. 感知有用性

借鉴 TAM 对感知有用性的定义,将在线评论系统的感知有用性定义为:消费者认为通过在线评论系统发表评论可以帮助其达到目的的程度,如帮助或报复卖家、帮助买家、表达情感等[80]。TAM 指出,感知有用性正向影响系统使用的行为意向[80][81]。Wang 等(2012)也证实在线评论系统的感知有用性对消费者发表在线评论的意愿有显著的影响[79]。

社会交换理论认为,当个体从他人获得利益后,会觉得有义务对其进行回报。而在线评论系统不仅是消费者的信息分享系统,也是帮助消费者做购买决策的互助系统。当消费者认为在线系统有用时,事实上他已经获得了在线系统和评论发布者的帮助,因此,会产生发表在线评论来回馈在线评论系统和其他消费者的意愿。

为此,正面评论发表模型提出以下假设——

H2a:消费者对在线评论系统感知有用性正向影响消费者发表正面评论意愿。

负面评论发表模型提出以下假设——

H2b:消费者对在线评论系统感知有用性正向影响消费者发表负面评论意愿。

2. 感知易用性

借鉴 TAM 对感知易用性的定义，将在线评论系统的感知易用性定义为：消费者认为使用在线评论系统发表评论的方便程度[80][81]。TAM 认为，技术的易用性会影响使用这项技术的意愿。

因此，正面评论发表模型提出以下假设——

H3a：消费者对在线评论系统感知易用性正向影响消费者发表正面评论意愿。

负面评论发表模型提出以下假设——

H3b：消费者对在线评论系统感知易用性正向影响消费者发表负面评论意愿。

2.1.3 产品卷入度

产品卷入度是指消费者基于其自身固有的欲望、价值、关心而对某一产品所感知到的重要性和关联性程度，根据这种程度差异通常把产品卷入度分为高度卷入和低度卷入。卷入度是一个联结着个体、产品特性和情境的复杂整体[83]。研究证实，卷入度几乎对各种消费者行为存在显著影响，包括信息加工、购买意向、态度改变、品牌搜索形成等诸多方面[84]。

Sundaram[14]在研究消费者正面口碑时发现，消费者感兴趣、感觉很重要或者和消费者关联性大的产品更容易引起消费者正面口碑传播。Norman 和 Russell[85]对人们电子邮件转发行为研究结果表明，产品卷入度越高，人们对产品信息的关注度会越高，从而传播该邮件的意愿也越强，因此，他们认为消费者产品卷入度对人们口碑传播行为有显著的正向影响。East 和 Hammond[86]指出，消费者对产品的卷入度直接影响其对该产品口碑传播意愿，产品卷入度高的消费者花费更多的时间和精力去了解积累该类产品的信息和知识，因此也更能胜任和充当口碑传播者的角色。也有学者对消费者产品卷入度和消费者情绪关系进行了探讨，其中，Dichter[12]提出产品卷入度这一动机因素时认为，消费者产品卷入度越高，会对产品产生越强烈的情绪。Mano 和 Oliver[87]将高卷入度组和低卷入度组消费者的每种情绪进行比较发现，卷入度正向影响消费者的情绪强烈程度。

因此，本书在正面评论发表模型中提出以下假设——

H4a：消费者的产品卷入度正向影响消费者发表正面评论意愿。

在负面评论发表模型中提出以下假设——

H4b：消费者的产品卷入度正向影响消费者发表负面评论意愿。

2.1.4 物质奖励

物质奖励指用户可通过发表在线评论行为获得物质利益的多少。社会交换理论认为，人类大部分行为可以解释为是一个交换过程，而在交换过程中，人类总是追求报酬大于付出，因此人类个体的行为必然会受到“奖励”的引诱[88]。而物质奖励通常更为直观以及直接，往往给个体带来更为强烈的感观刺激。商业实践中，物质奖励也早已成为企业重要的营销手段。但现有的相关研究都未曾考虑这一因素，而事实上，随着在线评论影响力的增加，商家逐步认识到在线评论对销售业绩的影响，越来越多的商家给予发表评论行为一定的物质奖励，奖励形式多种多样，以直接返现和发放优惠券较为常见。现如今，大多数网购消费者都曾经遇到过卖家关于发表好评可获奖励的承诺，因此，在线评论行为不再仅仅是一种社会交换行为，还具有经济交换行为的特性，促使越来越多的消费者将奖励额度作为是否发表评论行为的考虑因素。同时，大多数商家只对发表了正面评价的消费者，才给予物质奖励。

因此，本书仅在正面评论发表模型中提出以下假设——

H5a：物质奖励正向影响消费者发表正面评论意愿。

2.1.5 感知风险

Bauer 将感知风险这一心理学理论应用于市场营销领域，认为消费者购买行为其实是风险承担行为，即消费者考虑购买时并不能确定产品的使用结果而承担了某种风险。消费者行为中隐含着对结果不确定性的隐忧，由于消费者对风险做出精确评价几乎不可能，所以消费者的感知风险是主观上的[89]。

而本书认为，消费者发表负面评论同样也会面临着风险，因为负面评论往往比正面评论有更强的影响力，不少商家都会不惜余力地对负面评论的产生实施服务补救，但也常常出现过激的行为,如反复给买家打电话,软硬兼施要求改成“好评”,甚至恶意中伤、报复威胁等。而这类事件屡有报道,已经严重威胁到电商平台的信誉系统,也已成为消费者发表负面评论的重要顾忌[45]。

本书借鉴 Bauer 对风险感知的定义,将用户对发表评论的感知风险定义为:用户认为发表在线评论后会导致损失发生的可能性,损失包括时间损失、精力损失和财务损失,并仅在负面评论发表模型中提出以下假设——

H5b:感知风险负向影响消费者发表负面评论意愿。

综上所述,得出正面评论发表模型和负面评论发表模型,分别如图 2-1、图 2-2 所示。

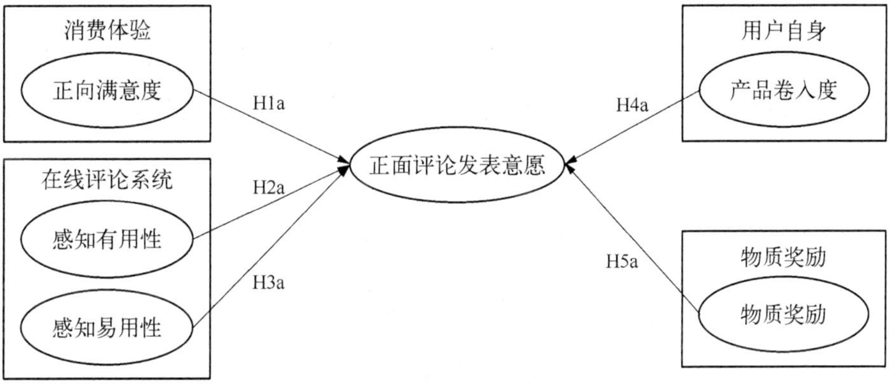

图 2-1　正面评论发表模型

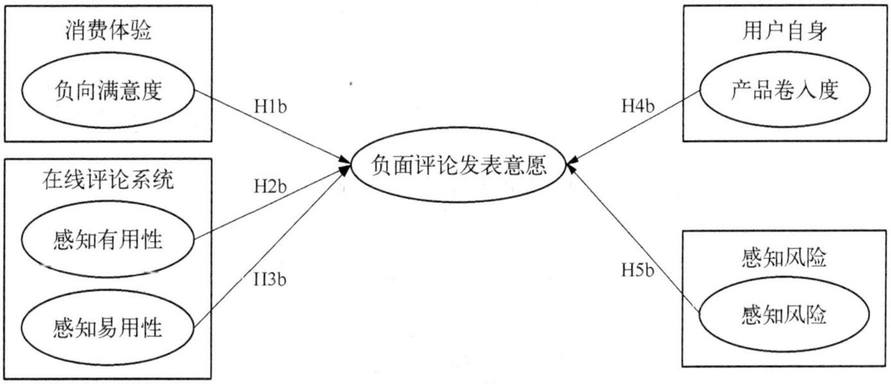

图 2-2　负面评论发表模型

2.2 数据分析方法与步骤

数据分析的过程可以分为 3 个阶段,如图 2-3 所示。这 3 个阶段包括:

(1) 问卷设计。

(2) 预测试,对预调查数据进行探索性因素分析来检验测度工具的质量。

(3) 正式调查数据分析,其包括: ① 正式调查研究数据的收集;② 对主体研究的数据进行验证性因素分析来检验测度模型的质量,以及对关系模型的拟合度进行检验;③ 最后进行假设检验。

其中探索性因素分析与验证性因素分析的目的都是为了对测度工具的质量进行检验。在问卷设计时,采用人工方法对测度工具质量进行检验,而因素分析则用统计的方法来检验。

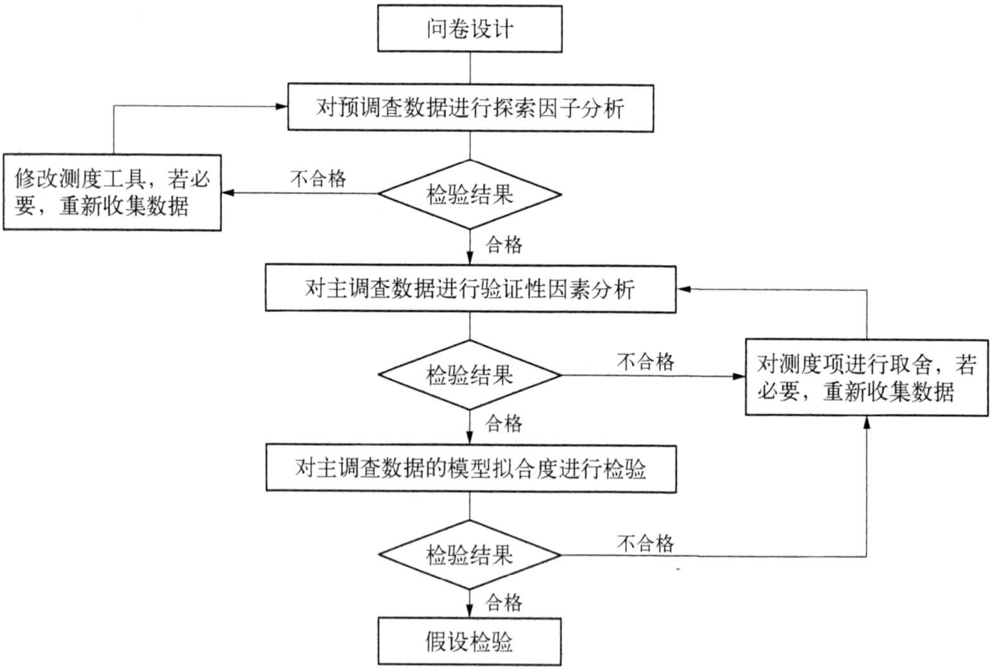

图 2-3 数据分析步骤

2.3 问卷设计

2.3.1 问卷设计的原则

为了有效地保障问卷调查的效度和信度，问卷的设计要遵循科学的原则，荣泰生[90]、马庆国[91]、李怀祖[92]、王重鸣[93]等学者都提出了很多行之有效的问卷设计方法。马庆国认为，问卷问题要根据研究目标设立，荣泰生则提出好的问卷设计必须要遵循以下几个原则：① 问卷的内容必须与研究的概念框架相呼应；② 问卷中的问题必须尽量使问卷填写者容易回答；③ 尽量不问个人的隐私；④ 先前的问题不要影响对后续问题的回答；⑤ 问卷设计过程中，要明确题项的形式（开放式和封闭式问题）；⑥ 在正式调查之前应经过预测的过程[90]。

李怀祖强调问卷设计时应尽可能简明、便于回答和有吸引力，并指出问卷设计的三项禁忌：① 问卷设计不能带有倾向性，避免提问方式对回答者形成诱导，令回答者感到研究者所提问题是想得到某种特定的回答，或者是鼓励和期待他做出某种回答；② 不提可能难以真实回答的问题；③ 不能把未经确认的事情当作前提假设[92]。

本章问卷的设计遵循了以上学者所提出的建议与原则，主要做出了以下考虑与处理：

(1) 在问卷的指导语处强调了本次问卷的纯学术研究目的，问卷的设计基本不涉及个人隐私，并做出郑重的保密承诺；

(2) 问卷题项的语言，力求客观、公正、准确，避免主观态度的倾向，问卷初稿形成过程中通过与调查对象及时沟通交流，对相应的题项表述进行完善；

(3) 问卷题项设计上，尽量选择已经证实有效的测度量表；

(4) 咨询了相关专家并进行了预调研，最终形成用于大规模调查的简洁有效的问卷。

2.3.2 问卷设计的过程

参考学者 Dunnt 和 Seaker 等[94]的建议,本问卷设计采取如下流程。

第一步:查阅研究文献,设计测度题项。笔者查阅整理了国内外关于口碑的相关研究文献,结合本书的视角,基于中国的实际特点形成各变量的初步测度问项。由于各位学者使用的量表并不完全一样,为了保证量表有关内容翻译的准确性,笔者将量表的中英文内容请专家和同事进行了审核和修改,尽量保证相应英文条款的原意。

第二步:邀请专家小组进行讨论,修改测度题项。首先通过由导师、博士生和硕士生组成的学术团队小组进行详细讨论,然后与学科团队的相关教授同事进行商讨。讨论的内容包括变量之间的逻辑关系,测度题项的归类、删除、增加和文字表达。根据讨论意见对问卷初稿进行了修改,形成调查问卷的第二稿。

第三步:与调查对象讨论修改测度题项。笔者选取了经常进行网络购物的 10 位人士,根据其自身经验,对某些变量条款进行修改和补充,消除问题的歧义和不明确之处,形成正式的调查问卷。

2.3.3 问卷的内容

针对上述 2 个模型,分别设计 2 套问卷。每套均由 2 部分组成:第一部分是人口学变量,包括性别、年龄、学历和专业类型;第二部分包括满意度、产品卷入度、物质奖励或风险感知、在线评论系统感知有用性、在线声誉平台感知易用性和发表评论意愿。问卷设计引用前人研究的成熟量表。为了避免因翻译不当而引起语义理解偏差,先后征求多名专业人士的意见,目的是检测问卷语义是否清晰,表述是否规范。

已有研究表明,采用单测度题项方法测度满意度比多测度题项方法更为有效[30][31][32][33]。因此,采用单测度题项对正向满意度和负向满意度进行测度。在量表刻度方面,采用语义对比刻度来测度正向满意度和负向满意度。对于其他变量的测度,均使用超过 3 个以上的测度题项进行测度,并且都是引用前人研究的成熟量表。

量表刻度均采用李克特 5 级刻度。在李克特 5 级量表中,1 表示对语句陈述观点“完全不同意”,3 表示对语句陈述观点“不能确定”,5 表示对语句陈述观点“完全同意”,1～5 表示对语句陈述观点由完全不同意到完全同意的态度变化。所有测度题项见表 2 - 1。

表 2 - 1　测度题项及来源

变量名称	测度题项	来源
正向满意度	PSAT 此次网上购物的满意程度是：不确定→非常满意	Oliver (1999)
负向满意度	NSAT 此次网上购物的满意程度是：不确定→非常不满意	Oliver (1999)
感知有用性(正面评论模型)	PUP1 在该在线评论系统发表评论可以帮助其他买家 PUP2 在该在线评论系统发表评论可以帮助我表达正面情绪 PUP3 在该在线评论系统发表评论可以帮助卖家 PUP4 总体来说,在该在线评论系统发表评论可以满足我的需求	Davis,(1989) Wang 等(2012)
感知有用性(负面评论模型)	PUN1 在该在线评论系统发表评论可以帮助其他买家 PUN2 在该在线评论系统发表评论可以帮助我发泄负面情绪 PUN3 在该在线评论系统发表评论可以报复卖家 PUN4 总体来说,在该在线评论系统发表评论可以满足我的需求	Davis,(1989) Wang 等(2012)
感知易用性	PEU1 学习使用在线评论系统很容易 PEU2 使用在线评论系统过程简单不繁琐 PEU3 我可以熟练地使用在线评论系统	Davis,(1989) Wang 等(2012)
产品卷入度	PI1 购买该产品时,我会很慎重地选择 PI2 该产品对我来说很重要 PI3 该产品是我所关注的产品 PI4 该产品是我所需要的 PI5 我会花精力研究该产品	Zaichkowsky (1985)
感知风险	PR1 我担心发表负面评论会遭受到卖家的报复 PR2 我担心发表负面评论会遭受到卖家的骚扰 PR3 发表负面评论可能会给我带来金钱损失 PR4 发表负面评论可能会给我带来不必要的麻烦 PR5 发表负面评论可能会给我带来利益损失	Featherman 和 Pavlou (2003)[95]
物质奖励	MR1 发表评论可获得的物质奖励对我很有吸引力 MR2 我很在意发表评论后可获得的奖励金额 MR3 我希望可以通过发表好评来获取奖励	Hennig-Thurau 等 (2004) 研究调整

（续表）

变量名称	测度题项	来源
正面评论发表意愿	PPR1 对于此次交易，我很想发表评论 PPR2 收到产品后，我想要给卖家好评 PPR3 对于此次交易，我不打算发表评论	Swan 和 Oliver (1989)[96]
负面评论发表意愿	PNR1 对于此次交易，我很想发表评论 PNR2 收到产品后，我很想给卖家差评 PNR3 收到产品后，我不打算发表评论	Swan 和 Oliver (1989)[96]

2.4 预 测 试

在预测试阶段，针对上述 2 个模型，分别收集 70 份和 72 份问卷，并利用探索性因素分析(Exploratory Factor Analysis, EFA)来检测测度工具的区别效度和聚合效度。就 EFA 而言，测度变量的理论架构是因素分析的产物，因素结构是由研究者从一组独立的测度指标或题项出发，主观判断来决定的一个具有计量合理性的结构，并以该结构来代表所测度的概念内容或构件特质。EFA 一般用在预测试所收集的数据上，目的在于确认量表的因素结构，常考虑的是要决定多少个构件或潜变量[97]。聚合效度是指在测验过程中测度相同潜变量的测度题项会位于相同的因素层面中，此时，该测度题项在此潜变量上会有较大的因子载荷，聚合效度要求一个潜变量的所有测度题项在该因子上的因子载荷大于 0.5。区别效度是指潜变量所代表的特质与其他潜变量所代表的特质间只有低度相关或有显著差异存在；潜变量间的区别效度指的是个别测度题项应该只反映一个潜在变量，区别效度要求一个潜变量的所有测度题项在其他因子上的因子载荷小于 0.4。

2.4.1 正面评论发表模型探索因子分析

通过 SPSS 18.0 软件，对正面评论发表模型进行探索性因素分析，结果见表 2-2。

表 2－2 正面评论发表模型：因子载荷矩阵

变量	题项代码	因子				
		1	2	3	4	5
感知有用性	PUP1	**0.831**	0.057	0.102	0.301	0.212
	PUP2	**0.443**	0.232	0.412	0.132	0.187
	PUP3	**0.605**	0.120	0.049	0.058	0.321
	PUP4	**0.727**	0.214	0.283	0.193	0.211
感知易用性	PEU1	0.080	**0.711**	0.153	0.120	0.129
	PEU2	0.072	**0.654**	0.119	0.252	0.033
	PEU3	0.239	**0.793**	0.043	0.089	－0.021
产品卷入度	PI1	0.032	0.115	**0.803**	0.210	0.290
	PI2	0.112	0.205	**0.757**	0.123	0.049
	PI3	0.313	0.008	**0.714**	0.023	0.287
	PI4	0.328	0.405	**0.411**	0.052	0.073
	PI5	0.100	0.243	**0.663**	－0.036	0.187
物质奖励	MR1	0.193	0.212	0.332	**0.785**	0.062
	MR2	0.043	0.302	0.233	**0.746**	0.205
	MR3	0.004	0.111	0.352	**0.892**	0.167
正面评论发表意愿	PPR1	0.143	0.201	0.087	0.191	**0.748**
	PPR2	0.187	0.109	0.219	0.162	**0.826**
	PPR3	0.165	0.039	－0.106	0.022	**0.754**
共解释方差(%)		64.124				

根据区别效度和聚合效度的标准，删除在各主成分上因子载荷都小于 0.5 的题项，因此，本书删除 PUP2(因子载荷 0.443)、PI4(因子载荷 0.411)。删除题项后，对量表重新进行探索性因素分析，结果如表 2－3 所示。

最终在正面评论发表模型中，提取了感知有用性、感知易用性、产品卷入度、物质奖励和正面评论发表意愿 5 个因子，加上由单测度题项决定的正向满意度，完全符合理论架构。

表 2-3 正面评论发表模型：修正后的因子载荷矩阵

变量	题项代码	因子				
		1	2	3	4	5
感知有用性	PUP1	**0.842**	-0.041	0.004	0.238	0.212
	PUP3	**0.632**	0.122	-0.208	0.083	0.073
	PUP4	**0.752**	0.123	0.063	0.192	0.034
感知易用性	PEU1	0.231	**0.772**	0.209	0.168	0.092
	PEU2	0.183	**0.715**	0.007	0.032	0.212
	PEU3	0.009	**0.832**	0.035	0.172	0.154
产品卷入度	PI1	-0.193	0.174	**0.813**	0.208	0.136
	PI2	0.047	0.031	**0.815**	0.007	0.117
	PI3	0.161	0.077	**0.721**	0.026	0.261
	PI5	0.118	0.181	**0.682**	0.010	0.168
物质奖励	MR1	0.042	0.009	0.061	**0.801**	0.202
	MR2	-0.048	0.080	0.032	**0.797**	0.088
	MR3	0.283	0.206	0.079	**0.901**	0.013
正面评论发表意愿	PPR1	0.120	0.050	0.182	0.187	**0.768**
	PPR2	0.232	0.177	0.081	0.056	**0.847**
	PPR3	0.220	0.150	0.085	0.218	**0.792**
共解释方差(%)		65.523				

2.4.2 负面评论发表模型探索因子分析

通过 SPSS 18.0 软件，对负面评论发表模型进行探索性因素分析，结果见表 2-4。

表 2-4 负面评论发表模型：因子载荷矩阵

变量	题项代码	因子				
		1	2	3	4	5
感知有用性	PUN1	**0.762**	0.198	0.097	0.115	0.235
	PUN2	**0.387**	0.241	0.121	0.141	0.007

（续表）

变量	题项代码	因子				
		1	2	3	4	5
感知有用性	PUN3	**0.792**	0.128	0.156	0.033	−0.143
	PUN4	**0.695**	0.026	0.223	0.065	0.042
感知易用性	PEU1	0.205	**0.801**	0.002	0.101	0.022
	PEU2	0.081	**0.814**	0.047	−0.041	0.052
	PEU3	0.099	**0.784**	0.010	0.204	0.145
产品卷入度	PI1	0.119	0.004	**0.819**	0.008	0.118
	PI2	−0.205	0.102	**0.831**	0.155	0.126
	PI3	0.095	0.163	**0.583**	0.054	0.283
	PI4	0.316	0.050	**0.402**	0.042	0.065
	PI5	0.164	0.115	**0.763**	0.005	−0.037
感知风险	PR1	0.045	0.135	0.211	**0.708**	0.202
	PR2	0.003	0.085	0.061	**0.720**	0.060
	PR3	0.090	0.214	0.125	**0.366**	0.078
	PR4	0.133	0.145	0.074	**0.719**	0.063
	PR5	0.216	0.033	0.078	**0.639**	0.205
负面评论发表意愿	PNR1	0.182	0.071	0.167	0.187	**0.711**
	PNR2	0.166	−0.018	0.068	0.154	**0.802**
	PNR3	0.042	0.084	0.196	0.082	**0.717**
共解释方差(%)		59.853				

根据区别效度和聚合效度的标准，删除在各主成分上因子载荷都小于 0.5 的题项，因此，本书删除 PUN2（因子载荷 0.387）、PI4（因子载荷 0.402）、PR3（因子载荷 0.366）。删除题项后，对量表重新进行探索性因素分析，结果如表 2－5 所示。

最终在负面评论发表模型中，提取了感知有用性、感知易用性、产品卷入度、感知风险和负面评论发表意愿 5 个因子，加上由单测度题项决定的正向满意度，完全符合理论架构。

表 2－5　负面评论发表模型：修正后的因子载荷矩阵

变量	题项代码	因子				
		1	2	3	4	5
感知有用性	PUN1	**0.802**	0.046	0.031	0.035	0.135
	PUN3	**0.798**	0.022	0.056	0.139	0.214
	PUN4	**0.821**	0.019	0.125	0.067	0.072
感知易用性	PEU1	0.012	**0.833**	0.064	0.025	0.157
	PEU2	0.015	**0.842**	0.026	0.150	0.200
	PEU3	0.004	**0.822**	0.136	0.077	0.133
产品卷入度	PI1	0.053	0.045	**0.819**	0.135	－0.003
	PI2	0.060	0.119	**0.831**	0.137	0.136
	PI3	0.107	0.301	**0.607**	0.028	0.095
	PI5	0.112	0.095	**0.788**	－0.005	0.116
感知风险	PR1	0.108	0.051	0.086	**0.778**	0.164
	PR2	0.062	0.079	0.029	**0.752**	0.063
	PR4	0.158	0.030	0.189	**0.740**	0.005
	PR5	0.075	0.146	0.164	**0.698**	0.166
负面评论发表意愿	PNR1	0.136	0.097	0.063	0.115	**0.772**
	PNR2	0.127	－0.024	0.036	0.076	**0.838**
	PNR3	0.212	0.018	0.153	0.044	**0.733**
共解释方差(%)		67.363				

2.5　正式调查数据分析

2.5.1　数据收集

正式调查阶段，针对正面评论发表模型，共发放问卷 300 份，回收 278 份，有效问卷 252 份。回收率为 92.7%，有效回收率为 88.6%。受访者男女比例比较均匀，男性人数(133 人)稍高于女性人数(119 人)。年龄在 18～24 岁的占 70.6%，其次年龄在 25～29 岁的占 12.7%。在受教育程度方面，本科人数(152 人)最多，占 60.3%，其次为硕士人数(54 人)占 21.4%，由此可见，受访者主要来自文化程度较高的青年。

针对负面评论发表模型，共发放问卷 300 份，回收 283 份，有效问卷 266 份。回收率为 94.3%，有效回收率为 84.0%。受访者男女比例比较均匀，男性人数(145 人)稍高于女性人数(121 人)。年龄分布在 18～24 岁的占 72.9%，其次年龄在 25～29 岁的占 13.9%。在受教育程度方面，本科人数(172 人)最多，占 64.5%，其次为硕士人数(49 人)占 18.4%，可见，受访者也主要集中在具有较高文化程度的青年。

2.5.2　描述性统计分析

测度指标的描述性统计包括每个题项得分的最小值、最大值、均值、标准差、峰度(kurtosis)和偏度(skew)等信息。其中偏度、峰度等信息反映了样本数据的分布情况，用以检验样本数据是否呈正态分布。这是因为后面需要使用结构方程模型(SEM)进行数据分析和假设检验，而 SEM 模型分析的基本假定与多变量总体统计法相同，即要求样本数据要符合多变量正态性假定，数据必须为正态分布数据，且观测变量呈现线性关系。因此，观测变量服从正态分布是进行结构方程模型时不可回避的必要条件。一般认为偏度的绝对值小于等于 2，峰度的绝对值小于等于 5，即可认为数据服从正态分布[97]。正面评论发表模型中的主要观测变量的描述性统计分析结果见表 2－6，负面评论发表模型中的主要观测变量的描述性统计分析结果见表 2－7。

表 2－6　正面评论发表模型：测度指标的描述性统计结果

变量	题项代码	最小值	最大值	均值	标准差	偏度	峰度
正向满意度	PSAT	1	5	3.78	1.140	－0.612	2.721
感知有用性	PUP1	1	5	3.43	0.897	0.586	0.302
	PUP3	1	5	3.93	1.102	1.265	－0.346
	PUP4	1	5	3.21	0.926	－0.286	0.400

（续表）

变量	题项代码	最小值	最大值	均值	标准差	偏度	峰度
感知易用性	PEU1	1	5	4.02	0.737	－0.443	1.685
	PEU2	1	5	3.61	0.821	－0.289	0.321
	PEU3	1	5	3.92	1.080	0.066	1.165
产品卷入度	PI1	1	5	3.26	0.825	0.133	0.678
	PI2	1	5	3.76	1.213	－0.265	2.614
	PI3	1	5	3.28	0.910	－1.359	0.566
	PI5	1	5	3.03	1.048	－0.459	4.321
物质奖励	MR1	1	5	3.76	0.945	－0.685	－1.065
	MR2	1	5	4.11	1.083	－0.301	1.330
	MR3	1	5	3.54	0.878	－0.565	－0.032
正面评论发表意愿	PPR1	1	5	3.30	0.862	0.767	0.685
	PPR2	1	5	3.14	1.284	0.964	0.704
	PPR3	1	5	3.23	0.989	－0.595	0.677

从表 2－6 中可以看出，所有观测变量得分都处于最小值 1 到最大值 5 之间，两个极端值均有人选择，表明参与问卷调查人员对问项的回答具有较大的差别。在均值和标准差方面，均值最小为 3.03、最大为 4.11，标准差则在 0.7 与 1.5 之间。偏度系数绝对值最大为 1.359，峰度系数绝对值最大为 4.321，均在标准范围之内。故可以判定：本研究的样本数据符合正态分布，可以进行后续的 SEM 分析。

表 2－7　负面评论发表模型：测度指标的描述性统计结果

变量	题项代码	最小值	最大值	均值	标准差	偏度	峰度
负向满意度	NSAT	1	5	3.62	0.834	0.752	－0.482
感知有用性	PUN1	1	5	3.21	1.038	0.671	－0.782
	PUN3	1	5	3.16	1.212	－0.876	0.778
	PUN4	1	5	3.01	1.002	1.203	0.251

（续表）

变量	题项代码	最小值	最大值	均值	标准差	偏度	峰度
感知易用性	PEU1	1	5	3.87	0.723	0.819	0.292
	PEU2	1	5	3.67	0.786	−0.087	0.109
	PEU3	1	5	3.33	0.902	0.838	0.607
产品卷入度	PI1	1	5	3.15	1.234	−0.177	−0.067
	PI2	1	5	3.09	0.861	−0.204	−0.565
	PI3	1	5	3.21	0.936	−0.867	0.698
	PI5	1	5	3.20	1.326	0.831	3.036
感知风险	PR1	1	5	3.06	1.291	0.594	0.432
	PR2	1	5	3.08	0.877	0.088	0.788
	PR4	1	5	2.97	0.731	1.218	0.443
	PR5	1	5	3.15	0.962	−0.433	0.862
负面评论发表意愿	PNR1	1	5	3.34	0.828	0.772	0.740
	PNR2	1	5	3.53	1.026	−0.537	0.328
	PNR3	1	5	3.21	0.935	0.733	0.478

从表 2－7 中可以看出，所有观测变量得分都处于最小值 1 到最大值 5 之间，两个极端值均有人选择，表明参与问卷调查人员对问项的回答具有较大的差别。在均值和标准差方面，均值最小为 2.97、最大为 3.87，标准差则在 0.7 与 1.5 之间。偏度系数绝对值最大为 1.218，峰度系数绝对值最大为 3.036，均在标准范围之内。故可以判定：本研究的样本数据符合正态分布，可以进行后续的结构方程模型分析。

2.5.3　测度模型检验

测度模型是由潜变量与观察变量组成，就数学定义而言，测度模型是一组观察变量的线性函数。而测度模型检验就是检验潜在变量和观察变量间的对应关系。测度模型检验主要是通过验证因素分析(Confirmatory Factor Analysis, CFA)来实现的，和预测试阶段用的探索因素分析不同，CFA允许研究者分析确认事先假设的测度变量与因素间关系的正确性，通过从总体中抽取另一群样本来检验假设因素结构的契合度。该契合度同样由聚合效度和区别效度两个指标来衡量。CFA中聚合效度要求所有变量的 Cronbach's α 值和变量的组合信度(CR)都高于基准值0.6。另外，变量的平均变异抽取量(AVE)的值要高于标准值0.5[98]。通常，区别效度检验采用变量的AVE值的平方根大于其他变量之间的相关系数[99]。本书使用AMOS 18.0软件对各组变量量表的效度进行检验，采用极大似然估计。表2-8为正面评论发表模型中测度模型的聚合效度，表2-9为正面评论发表模型中变量间的相关系数矩阵。结果表明，正面评论发表模型的测度模型有较好的聚合效度和区别效度。表2-10为负面评论发表模型中测度模型的聚合效度，表2-11为负面评论发表模型中变量间的相关系数矩阵。结果表明，负面评论发表模型的测度模型有较好的聚合效度和区别效度。

表2-8　正面评论发表模型：测度模型的聚合效度

变量	题项代码	标准化系数	T值	AVE	CR	Cronbach'α
感知有用性	PUP1	0.753	11.421	0.535 3	0.777 5	0.822
	PUP3	0.701	10.146			
	PUP4	0.746				
感知易用性	PEU1	0.812	13.632	0.659 6	0.853 2	0.853
	PEU2	0.792	12.370			
	PEU3	0.832				
产品卷入度	PI1	0.650	8.322	0.518 0	0.810 7	0.824
	PI2	0.754	10.943			
	PI3	0.748	10.213			
	PI5	0.722				
物质奖励	MR1	0.786	10.154	0.612 7	0.825 7	0.839
	MR2	0.738	9.931			
	MR3	0.822				

（续表）

变量	题项代码	标准化系数	T 值	AVE	CR	Cronbach'α
正面评论发表意愿	PPR1	0.753	11.909	0.663 4	0.855 0	0.887
	PPR2	0.851	13.372			
	PPR3	0.836				

注：末列 T 值项是固定参数项目。

表 2－9　正面评论发表模型：变量间的相关系数矩阵

	1	2	3	4	5	6
1. 正向满意度	1					
2. 感知有用性	0.034	1				
3. 感知易用性	0.140	0.227	1			
4. 产品卷入度	0.123	0.209	－0.038	1		
5. 物质奖励	－0.054	0.218	0.057	0.251	1	
6. 正面评论发表意向	0.330	0.401	0.017	0.183	0.088	1

表 2－10　负面评论发表模型：测度模型的聚合效度

变量	题项代码	标准化系数	T 值	AVE	CR	Cronbach'α
感知有用性	PUN1	0.750	10.102	0.591 5	0.812 6	0.815
	PUN3	0.738	9.737			
	PUN4	0.817				
感知易用性	PEU1	0.834	10.342	0.656 9	0.851 7	0.880
	PEU2	0.795	12.358			
	PEU3	0.802				
产品卷入度	PI1	0.757	10.357	0.590	0.851 3	0.873
	PI2	0.698	10.032			
	PI3	0.856	13.066			
	PI5	0.753				
感知风险	PR1	0.769	8.892	0.585 7	0.849 6	0.854
	PR2	0.729	8.318			

（续表）

变量	题项代码	标准化系数	T 值	AVE	CR	Cronbach'α
感知风险	PR4	0.784	9.249	0.585 7	0.849 6	0.854
	PR5	0.778				
负面评论发表意愿	PNR1	0.733	11.909	0.559 9	0.792 3	0.818
	PNR2	0.776	13.675			
	PNR3	0.735				

注：未列 T 值项是固定参数项目。

表 2-11　负面评论发表模型：变量间的相关系数矩阵

	1	2	3	4	5	6
1. 负向满意度	1					
2. 感知有用性	0.054	1				
3. 感知易用性	−0.042	0.293	1			
4. 产品卷入度	0.038	0.123	0.037	1		
5. 感知风险	0.355	−0.021	0.106	0.013	1	
6. 负面评论发表意向	0.383	0.221	−0.076	0.143	−0.087	1

2.5.4 假设检验

本书所构建的测度模型通过区别效度、聚合效度检验，并且各变量间存在显著相关性，可以进入后续假设检验。假设检验则是采用结构方程模型分析进行。

结构方程模型分析也称为结构方程建模，是基于变量的协方差矩阵来分析变量之间关系的一种统计方法，结构模型是对潜变量之间的关系进行描述的模型，其中的方程为结构方程，结构模型可以对理论模型中提出的各个潜变量（构念）之间的关系进行验证[100]。

结构方程可分为 3 大类分析：纯粹验证、选择模型与产生模型。本章研究属于产生模型分析，该分析指：先提出一个或多个基本模型，检查这些模型是否拟合数据；再基于理论或样本数据，分析找出模型中拟合欠佳的部分；通过同一数据或其他样本，检查修正模型的拟合度，对模型进行修改，整个分析过程的目的在于产生一个最佳模型。

在进行结构方程模型分析时，拟合优度指数(Fit Index)被用来判断模型是否与数据拟合，而拟合优度指数表示再生协方差距和样本协方差矩阵的差异。文献上先后出现的拟合指数多达 40 多种，其中被学者公认为最重要、最具代表性的指数主要包括[101]：

(1) χ^2/df：χ^2(Minimum Fit Functional Chi-square)值越小，说明实际矩阵和输入矩阵的差异越小，说明假设模型和样本数据之间拟合程度越好，一般建议 χ^2/df 的值在 3 以下可以接受。

(2) GFI 和 AGFI：拟合优度指数(Goodness of Fit Index, GFI)和调整拟合优度指数(Adjusted Goodness of Fit Index, AGFI)反映了假设模型能够解释的协方差的比例，拟合优度指数越大，说明自变量对因变量的解释程度越高，自变量引起的变动占总变动的百分比越高。一般建议其值在 0～1 之间，越大越好。

(3) RMSEA 和 SRMSR：近似误差均方根(Root Mean Square Error of Approximation, RMSEA)和标准化残差均方根(Standardized Root Mean Square Residual, SRMSR)是测度输入矩阵和估计矩阵之间残差均值的平方根，数值越小则说明模型拟合程度越佳。一般 RMSEA 的值小于 0.1、SRMSR 的值小于 0.08 时，认为模型可以接受。

(4) NFI 和 NNFI：规范拟合指数(Normed Fit Index, NFI)和非规范拟合指数(Non-Normed Fit Index, NNFI)是测度独立模型与假设模型之间卡方值的缩小比例，一般被认为应该大于 0.9。

(5) CFI：比较拟合指数(Comparative Fit Index, CFI)反映了独立模型与假设模型之间的差异程度，数值越接近 1，则假设模型越好。该指数大于 0.9，则模型被认为拟合程度较好。

本书使用以上 8 种拟合指数，判断验证性因素分析和结构方程模型的拟合优劣程度，拟合指数及其建议值如表 2-12 所示。

表 2-12　模型拟合指数建议值

拟合指数	χ^2/df	GFI	AGFI	RMSEA	SRMSR	NFI	NNFI	CFI
建议值	1～3	>0.8	>0.8	<0.1	<0.08	>0.9	>0.9	>0.9

1. 正面评论发表模型

运用 AMOS 18.0 软件，采用极大似然估计法对结构方程模型进行估计，其中外生变量之间的相关性设为自由相关，图 2－4 为正面评论发表原始模型的路径系数，表 2－13 为原始模型的拟合指数。

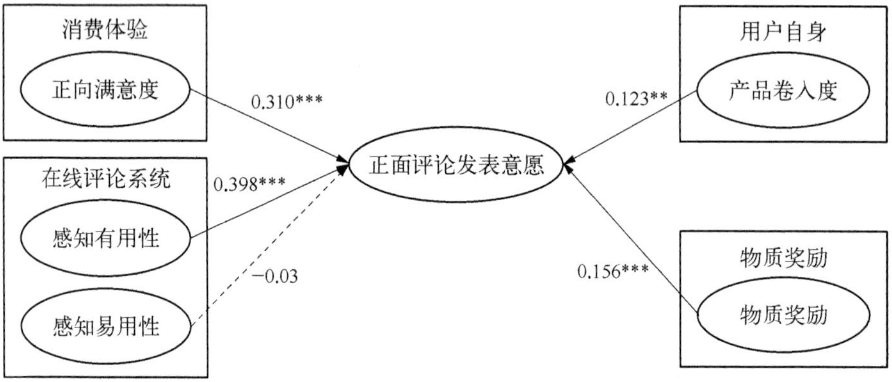

注：*$p<0.05$、 **$p<0.01$、 ***$p<0.001$，虚线表示该条路径不成立。

图 2－4 正面评论发表模型：原始模型的路径系数

表 2－13 正面评论发表模型：原始模型的拟合指数

拟合指数	χ^2/df	GFI	AGFI	RMSEA	SRMSR	NFI	NNFI	CFI
建议值	1～3	＞0.8	＞0.8	＜0.1	＜0.08	＞0.9	＞0.9	＞0.9
模型拟合	2.716	0.812	0.735	0.103	0.080	0.863	0.850	0.894

从表 2－13 中可知，SRMSR = 0.080 刚好达到临界值，$1<\chi^2/df=2.716<3$，GFI = 0.812＞0.8 符合要求，其他指数均没有达到评价标准，模型总体适配度较为一般，可以尝试进行修正。

对模型的修正通常有 2 种方法，在理论分析的基础上：其一，利用 AMOS 的修正建议微调残差之间的相关关系；其二，根据路径检验结果，增加或删除变量间的路径关系，对模型进行修正。

根据温忠麟、侯杰泰和林嵩的建议，在模型分析之后，我们对模型进行修正，删除不显著的路径，一次修改一条路径，将不显著的路径关系一一删除，并仔细观察相关指数的变化，避免同时操作多条路径可能造成的误差，最后得到模型的修正模型路径系数和拟合指数[102][103]。

而从图 2－4 的路径系数来看，感知易用性与正面评论发表意愿之间的参数估计值未达显著(即 $p>0.05$)。在修正模型中可考虑将该条不显著的因果路径删除，最终得到修正模型的路径系数，如图 2－5 所示。

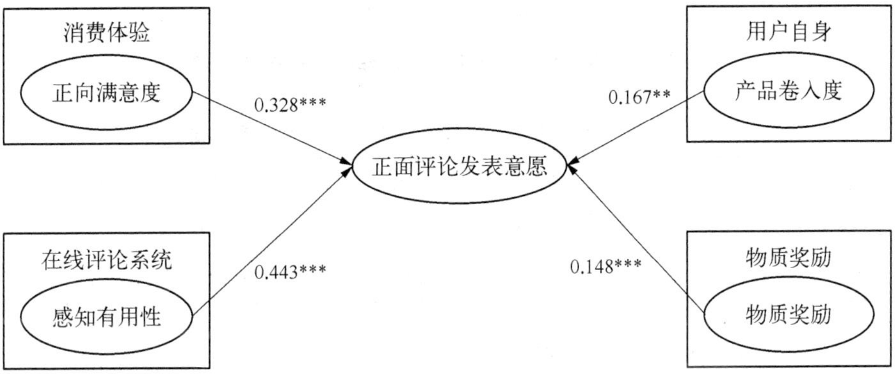

注：$^{*}p<0.05$、$^{**}p<0.01$、$^{***}p<0.001$，虚线表示该条路径不成立。

图 2－5　正面评论发表模型：修正模型的路径系数

修正模型的拟合指数，如表 2－14 所示。参照模型拟合的标准，各项拟合指数都达到标准，可以认为模型拟合结果较好。

表 2－14　正面评论发表模型：修正模型的拟合指数

拟合指数	χ^2/df	GFI	AGFI	RMSEA	SRMSR	NFI	NNFI	CFI
建议值	1～3	>0.8	>0.8	<0.1	<0.08	>0.9	>0.9	>0.9
模型拟合	1.965	0.862	0.821	0.067	0.059	0.911	0.945	0.927

2. 负面评论发表模型

运用 AMOS 软件，采用极大似然估计法对结构方程模型进行估计，图 2－6 为负面评论发表原始模型的路径系数，表 2－15 为原始模型的拟合指数。

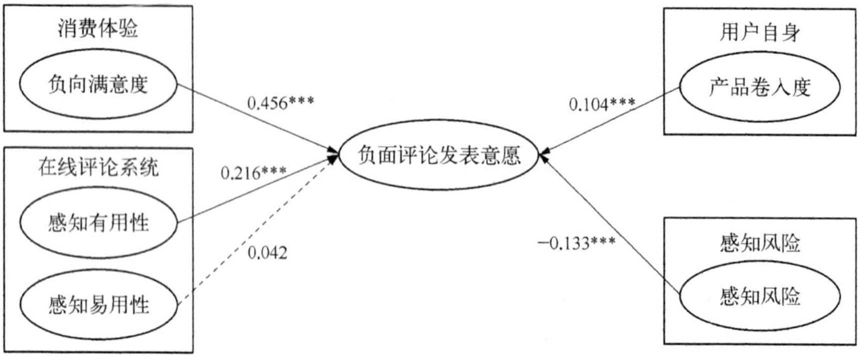

注：*p<0.05、**p<0.01、***p<0.001，虚线表示该条路径不成立。

图 2－6 负面评论发表模型：原始模型的路径系数

表 2－15 负面评论发表模型：原始模型的拟合指数

拟合指数	χ^2/df	GFI	AGFI	RMSEA	SRMSR	NFI	NNFI	CFI
建议值	1～3	＞0.8	＞0.8	＜0.1	＜0.08	＞0.9	＞0.9	＞0.9
模型拟合	2.533	0.783	0.790	0.114	0.087	0.837	0.861	0.899

从表 2－15 中可知，除了 $1<\chi^2/df=2.533<3$ 符合要求，其他指数均没有达到评价标准，模型总体适配度较为不好，需要进行修正。为此，我们首先在理论分析的基础上，利用 AMOS 的修正建议微调残差之间的相关关系；其次删除不显著的路径关系，从图 2－6 可知只有感知易用性与负面评论发表意愿的路径关系不显著（$\beta=0.042$，$p>0.05$），因此删除此路径，最终得到修正模型的路径系数，如图 2－7 所示。

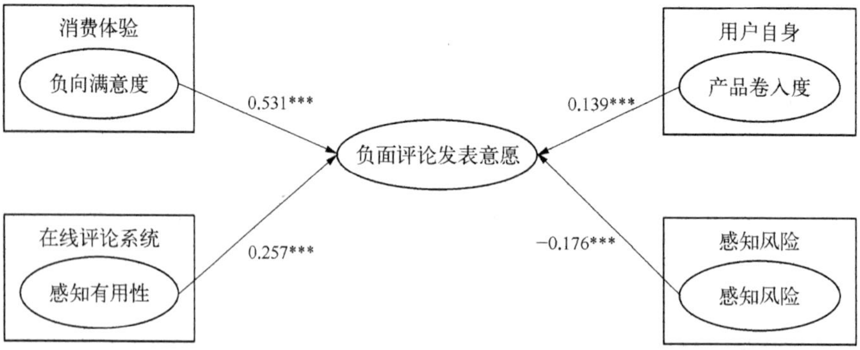

注：*p<0.05、**p<0.01、***p<0.001，虚线表示该条路径不成立。

图 2－7 负面评论发表模型：修正模型的路径系数

修正模型的拟合指数，如表 2－16 所示。参照模型拟合的标准，各项拟合指数都达到标准，可以认为模型拟合结果较好。

表 2－16　负面评论发表模型：修正模型的拟合指数

拟合指数	χ^2/df	GFI	AGFI	RMSEA	SRMSR	NFI	NNFI	CFI
建议值	1～3	＞0.8	＞0.8	＜0.1	＜0.08	＞0.9	＞0.9	＞0.9
模型拟合	1.813	0.895	0.838	0.053	0.072	0.905	0.914	0.922

2.6　研究结论与讨论

2.6.1　结果汇总

表 2－17 和表 2－18 分别对 2 个模型的假设检验结果进行汇总。可以发现，正面评论发表模型和负面评论发表模型具有相同的结构，除了感知易用性正向影响发表评论意愿的假设没有得到支持，其他假设均得到支持。但是 2 个模型在路径系数上却存在很大差异，如表 2－19 所示。

表 2－17　正面评论发表模型：假设检验的结果汇总

代码	假设内容	结果
H1a	正向满意度正向影响消费者发表正面评论意愿	支持
H2a	感知有用性正向影响消费者发表正面评论意愿	支持
H3a	感知易用性正向影响消费者发表正面评论意愿	不支持
H4a	产品卷入度正向影响消费者发表正面评论意愿	支持
H5a	物质奖励正向影响消费者发表正面评论意愿	支持

表 2－18　负面评论发表模型：假设检验的结果汇总

代码	假设内容	结果
H1b	负向满意度正向影响消费者发表负面评论意愿	支持
H2b	感知有用性正向影响消费者发表负面评论意愿	支持

(续表)

代码	假设内容	结果
H3b	感知易用性正向影响消费者发表负面评论意愿	不支持
H4b	产品卷入度正向影响消费者发表负面评论意愿	支持
H5b	感知风险负向影响消费者发表负面评论意愿	支持

表 2－19 正面评论发表模型和负面评论发表模型的路径系数

路径	正面评论发表模型	负面评论发表模型
正向/负向满意度→正面/负面评论发表意愿	0.328***	0.531***
感知有用性→正面/负面评论发表意愿	0.443***	0.257***
感知易用性→正面/负面评论发表意愿	不支持	不支持
产品卷入度→正面/负面评论发表意愿	0.167**	0.139**
感知风险→正面/负面评论发表意愿	未纳入模型中	－0.176***
物质奖励→正面/负面评论发表意愿	0.148**	未纳入模型中

注：* $p<0.05$、** $p<0.01$、*** $p<0.001$。

从表 2－19 可知，在正面评论发表模型中，对正面评论发表意愿影响的因素从大到小依次是：感知有用性 ($\beta=0.443$, $p<0.001$)、正向满意度 ($\beta=0.328$, $p<0.001$)、产品卷入度 ($\beta=0.167$, $p<0.01$)、物质奖励 ($\beta=0.148$, $p<0.01$)；而在负面评论发表模型中，对负面评论发表意愿影响的因素从大到小依次是：负向满意度 ($\beta=0.531$, $p<0.001$)、感知有用性 ($\beta=0.257$, $p<0.001$)、感知风险 ($\beta=-0.176$, $p<0.001$)、产品卷入度 ($\beta=0.139$, $p<0.01$)。

2.6.2 分析与讨论

对比正面评论发表模型和负面评论发表模型的共同点不难发现以下几点。

首先，消费体验的满意度依旧是影响在线评论传播的重要因素，满意者有更强烈的意愿参与正面评论传播，不满意者则倾向于发表负面评论。因此，商家应尽全力提供高质量的产品和服务，让消费者获得大于其所期望的价值，激发消费者的满意情绪,从而发表更多的正面评论。同时,针对不满意的消费者,商家应及时采取有效的服务补救措施来重塑消费者满意度,从而抑制负面评论的传播。

其次,消费者对在线评论系统的感知有用性,同样会促使消费者发表正面/负面评论。这与黄茜(2009)的研究结论一致,如果消费者认为,因在线评论系统的功能缺陷,而对系统的有用性产生怀疑,即无法顺利地帮助其完成发表评论的目的(寻找安慰、排解情绪、寻找建议、增加联系、自我娱乐、警告报复、自我表达等),消费者发表评论的意愿将会大幅减弱[104]。

再次,无论是发表正面评论还是负面评论,产品卷入度都对消费者评论发表意愿有显著的正向影响作用。这说明,电子商务环境下,产品对消费者越重要,消费者产品信息搜索和评价的努力就越多,消费者会更多地与网络商家进行信息交流,更多参考其他消费者的评价信息,因而消费后,消费者在线发表产品意见的欲望就越强烈,以展现其对产品的重视程度或表达消费后的情绪状态。这一结果和 Dichter(1996)的研究结论相符,Dichter 认为产品卷入度会令消费者产生紧张感,而消费者的紧张感越强,向别人倾诉消费经历的欲望就越强烈。另外,产品卷入度高的消费者通常花费更多时间和精力搜索产品信息和知识,使消费者更能够充当和胜任口碑传播的角色[86]。

最后,在两个模型中,感知易用性都不直接影响发表评论意愿。可能是因为受访者学历高,对互联网和计算机熟悉,且都有过网购经历,相对于简单的在线评论发表不存在操作上的复杂,也无异质性。

与此同时,两个模型也存在显著的差异。正面评论发表模型中,对发表正面评论意愿影响最大的是感知有用性,其次是正向满意度。而负面评论发表模型中,对发表负面评论意愿影响最大的是负向满意度,其次是感知有用性。这表明,如果消费者对购物的体验整体满意,会首先考虑在该评论系统上发表评论是否有用,并以此来决定是否发表评论。如果他们对购物的体验整体不满意,虽然也会考虑在线评论系统的有用性,但是消费者的不满情绪将更直接地影响消费者发表评论的意愿。

正面评论发表模型中,物质奖励对正面评论意愿具有显著的影响作用。这一结果符合以往学者的研究结论。邵兵家等(2009)研究消费者参与在线产品反馈系统的动机时发现,经济回报动机会产生显著影响作用[105]。郭国庆(2010)等研究认为,物质奖励是提高消费者评论传播意愿最为关键、最为有效的手段。这说明,通过物质奖励的营销手段在一定程度上能够提高消费者参与在线评论的意愿[106]。

负面评论发表模型中,感知风险对负面评论意愿具有显著的负向影响作用。这一结论在以往的研究中并未涉及。而在本书中得到证实,说明现阶段商家不合理的干预在线评论行为,已经成为电子商务的普遍问题,并构成了网络暴力的一种形式,大量的网络消费者都对这种网络暴力行为有一定的担忧。

2.7 本章小结

为了探讨影响消费者发表评论的因素,本章从购物体验、在线评论系统、消费者层面、物质奖励和风险感知 5 个维度进行分析,针对正面评论和负面评论分别建立 2 个模型,采用结构方程模型,对理论模型和研究假设进行实证分析,来比较发表不同情感极性评论的前因差异。

结果表明,发表正面评论最重要的前因是消费者对在线评论系统的感知有用性,其次是消费者对购物体验的满意度。相反,发表负面评论最重要的前因是消费者对购物体验的满意度,其次是消费者对在线评论系统的感知有用性。而在线评论系统的感知易用性对发表正面和负面评论都没有直接影响。此外,还验证了无论是发表正面评论还是负面评论,产品卷入度都对消费者发表评论意愿有显著的正向影响作用。当发表正面评论时,消费者会受到物质奖励的诱惑,而更为积极;当发表负面评论时,消费者则会因可能受到的卖家骚扰,产生感知风险,最终对发表负面评论产生疑虑。

第3章

在线评论采纳的影响因素研究

随着电子商务的快速发展，在线评论的数量呈现指数级增长，2013 年 eMarketer 的数据显示，92%的消费者会在做出购买决策之前查看在线产品评论，67%的商品销量依赖相应的网络口碑。为此，越来越多的企业，推出自有的在线评论系统，来消除消费者在线购物的感知风险，从而提高销量。然而，消费者阅读了在线评论，并不代表其一定会采纳这些评论。只有具备了一定特性的评论才会被消费者采纳，并随后对消费者的购买意愿产生影响。本章利用扎根理论的质性研究方法分析，结合理论和文献分析，探寻在线评论采纳的影响因素，并构建相应的影响模型，最后利用结构方法模型对理论模型进行验证。

3.1 扎根理论辅助研究

本章将对消费者发表在线评论的驱动因素展开更进一步的理论研究，运用扎根理论，探索性地寻找影响消费者采纳在线评论的因素，这些因素对消费者采纳在线评论意愿的驱动机理是怎样的，各影响因素的相互作用关系如何。

目前，尽管出现了越来越多的在线评论的研究，但相对来说还是显得不足，缺乏可直接借鉴的权威理论成果。同时，在线环境的快速变化，就要求我们不能完全依靠文献演绎模式，还应进行必要的质性研究。具体来说，应利用归纳方法从现象中提炼该领域的基本理论，从而逐渐创建和完善相应的理论体系。于是，为实现深入了解内涵、挖掘相应规律的目的，扎根理论便成为本章研究开展的一个比较合理的选择。

3.1.1 扎根理论概述

质性研究是确定事物本质属性的科学研究，是许多不同研究方法的统称，质性研究要求研究者在自然情境下，而非人工控制的实验环境，采用多种方法充分地收集资料，对社会现象进行整体性分析，运用归纳和演绎、分析与综合、抽象与概括等方法分析资料，形成理论，通过与研究对象互动对其行为和意义建构获得解释性理解的一种活动[107]。在本章的研究中，我们采用扎根理论(Grounded Theory)来辅助构建本章理论模型。扎根理论是"自下而上"的质性研究方法，近年来应用较为广泛的研究社会生活的质性方法，它是由社会学家 Glaser 和 Strauss 在 1967 年提出的，该理论是要通过对来自观察资料的模型、主题和一般分类进行分析，进而得出理论[108]。

扎根理论不仅结合了实证主义和互动主义，还为质性研究提供了研究方法和程序[109]。深入访谈(In-Depth Interview)则为扎根理论提供了收集一手资料的方法，它通过与被调查者进行深入交谈，从而收集大量的文本资料，便于运用扎根理论从丰富的文本中抽象出概念和范畴，从而构建出反映社会生活的理论[110][111]。扎根理论要求调查人员在访谈结束后立即完成访谈的笔录，并在第一时间对访谈的资料进行分析和整理。

扎根理论研究方法试图以尽可能严格和详细的方式来了解人们的经验，通过识别文本资料中的范畴和概念，并将这些概念联系起来，从而构建正式的理论。该方法是一个反复的过程，通过这个过程，研究越来越"扎根"于数据中，并发展出日益丰富的理论[112]。扎根理论研究方法的具体流程如图 3-1 所示[113]：① 从资料中提炼概念；② 不断将概念与资料进行比较，完善概念；③ 找到概念与概念之间的联系；④ 根据已有概念，系统地对资料进行译码；⑤ 构建理论。

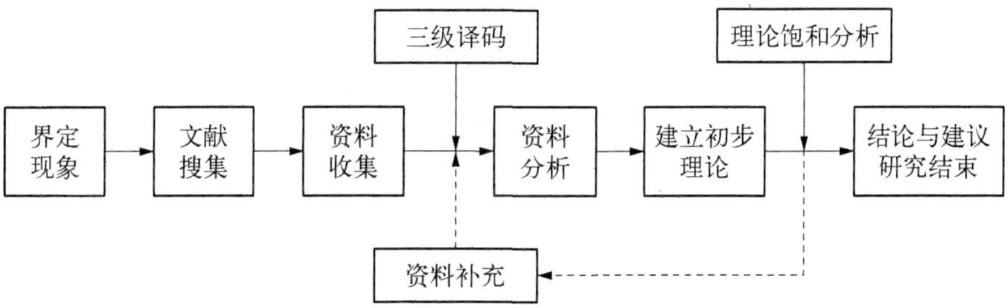

图 3-1 扎根理论研究流程

与主流的演绎式实证研究不同，扎根理论是通过田野调查获得资料，再从资料中提炼概念，译码便是扎根理论中用以提炼概念的核心部分。它是一种把资料分解、概念化,然后再以一个崭新方式把概念重组的操作过程;借此,理论得由庞杂资料中建立起来。译码主要由三种译码方法组成:开放式译码、主轴式译码以及选择式译码[114]。开放式译码是资料分析的逻辑出发点,在开放式译码中,资料被分解为不连续的各个部分,并进行严格的分析、比较异同。在本质上或意义上有关联的事件,事物和行为都会归在相同的但更抽象的类目下。主轴式译码的目的是找到研究中的核心概念,主轴式译码可以使用开放式译码的类目寻找更具分析性的概念。选择式译码的目的则是找出研究中的核心范畴和其他范畴的联系,验证之间的关系,将范畴凝聚成群,最终发展成理论[107]。图 3-2 给出了扎根理论分析方法的主要内容及分析框架。

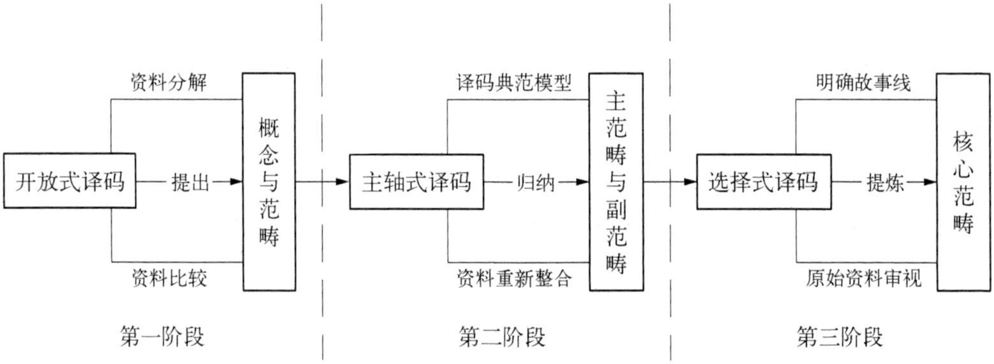

图 3-2 扎根理论分析方法的主要内容及分析框架

3.1.2 访谈设计

关于采纳在线评论的原因,笔者从网络和论坛收集到很多描述性资料,但是由于这些资料比较分散,而且不够系统,只能用以辅助分析。因此,为了获取更多的一手资料,本书需要首先对消费者进行访谈,以获取更多信息,进行进一步的分析。

1. 访谈群体的确定

据亚马逊中国《2014 年度网络购物趋势及 2015 年消费热点报告》显示,近八成网络购物消费群体集中在 35 岁以下。另外,超九成的用户拥有本科及以上学历,彰显高学历的用户占比显著。因此,本书的访谈对象初步确定为 35 岁以下的高学历人群。笔者将访谈范围确定为在校本科生、在校研究生、MBA 学生,公司职员,以及部分年轻教师，年龄均在35岁以下。笔者认为，对他们进行访谈分析，探索在线评论采纳的驱动维度，所得结论将具有一定的普适性。

2. 访谈前的准备工作

在访谈前，笔者首先设计了用以确认访谈对象的问卷，问卷内容主要分为两部分：第一部分问卷主要是了解被访者对在线评论现象的感知及个人采纳在线评论意愿；第二部分主要是针对被访者的个人信息，用以挑选符合本研究界定范围内的被访者。

3. 访谈对象的确定和访谈资料的回收

本研究的访谈和调研工作是在同事及家人的大力支持和帮助下完成的，笔者共跟踪调查了同济大学、井冈山大学在校大学生、毕业生以及年轻教师。发放用以确认访谈对象的问卷270份，回收有效问卷233份。95%的被访者感觉并注意到在线评论的现象，其中86%的被访者采纳过在线评论；98%的被访者赞同采纳在线评论行为。

笔者首先将本研究对在线评论的内涵界定介绍给访问对象，同时发放纸质问卷，向他们说明本研究的意义，希望他们能够配合进一步的深度访谈工作，并预留5分钟左右的时间，供他们填写问卷和回收问卷之用。笔者根据回收的问卷，初步筛选深度访谈的对象，在征得被访者的同意后，预约并确认访谈时间。同时，笔者会提前通过电子邮件或电话的方式，将访谈的提纲提前发放给被访者，并希望被访者能够提前对此问题进行思考。通过访谈之前的这些准备工作，提前与被访者建立联系，消除访谈时可能会出现的不适应或其他沟通问题，提高访谈的效率，确保了正式访谈的顺利进行，为访谈结果的合理性和科学性提供保证。访谈主要采取一对一的面谈。在访谈过程中，主要通过访谈资料和工作框架之间的来回反复推敲，补充相对缺乏的证据资料，使得框架中不完善的数据进一步丰富，扎根更加扎实。这一阶段参加访谈的人数共计39人。

最后，通过与本专业的博士研究生和硕士研究生7人深入的访谈，以收集多重证据的方式对前两轮访谈所得的信息和资料进行验证。在访谈最后将已经概念化和范畴化的资料提供给相关专家进行协商，提升所获得概念的效度。需要注明的是，笔者挑选的这7名博士研究生和硕士研究生，都有过网购以及发表和采纳在线评论的经历，且都在35岁以下；由于他们对消费者行为有所研究，因此将其纳入本书的访谈对象内是可取的。

4. 访谈程序

1）访谈提纲设计

在访谈之前，我们首先需要确立访谈提纲，对即将访谈的内容进行梳理和半结构化。为了更好地了解消费者发表在线评论的影响因素，在本研究中，通过与相关领域的教授、专家进行交流探讨，对相关文献进行对比参考，规划设计形成本研究的预访谈提纲。在进行正式访谈之前，通过与几位预访者的交流，对预访谈提纲的措辞和提问顺序稍微进行调整，最终形成"消费者采纳在线评论影响因素的访谈提纲"，如表3-1所示。

表3-1 访谈提纲的设计逻辑

主 题	问 题 举 例	目 的
背景介绍	请问您的年龄、教育和职业背景是？ 请您描述一下什么是在线评论？ 请问您会阅读在线评论吗？	确认被访者背景，并向其明确本书所讲的在线评论范畴
驱动因素	请您描述一下您最近或印象比较深刻的一次或几次阅读在线评论的情况，能描述一下您当时的内心活动吗？ 请问，您阅读了在线评论后，是否采纳了评论提供的信息？ 哪些因素促使您最终采纳了在线评论？ 请您描述一下您在阅读后没有采纳在线评论的原因？ 有什么因素阻碍您采纳在线评论吗？ 您能就您刚才提到的这些因素做进一步描述吗？	了解被访者对在线评论的看法；探讨消费者采纳在线评论的驱动因素
深层讨论	进一步，如果有可能您会提出哪些建议来提高消费者采纳在线评论的意愿？	对影响因素的合理性、重要性进行探讨
开放问题	对刚才的讨论，您还有什么补充吗？	补充、完善内容

本研究访谈提纲中涉及的内容主要包括被访谈人员的个人背景介绍、发表在线评论驱动因素分析、发表在线评论驱动因素的深层分析和有关的开放式问题4个部分。主要了解被访者的基本情况；了解被访者对在线评论的看法；探讨消费者采纳在线评论的驱动因素；对各种驱动因素的合理性、重要性进行探讨；补充并完善消费者

对其中某个问题的看法。

2）访谈过程的控制

本次访谈主要围绕采纳在线评论的影响因素展开，内容主要集中在被访者是基于什么样的思考、出于何种动机，采纳在线评论以及消费者如何看待采纳在线评论行为。访谈采取半结构化、开放式的访谈方法。访谈开始，通过了解被访者的个人及采纳在线评论的情况，营造比较轻松愉快的访谈气氛；在访谈过程中，运用谈话技巧，把握本次访谈所关注的关键问题和核心内容，控制好访谈节奏和时间；访谈从始至终都做好记录工作。需要注意的是，在每一次访谈结束后，对访谈的过程进行思考总结，确定对下一位被访者的访谈思路。

3）访谈资料的整理

在访谈结束后，要进行访谈资料的整理工作，按照录音的内容，将每位被访者的访谈资料转化为书面的文本。

3.1.3　资料译码

1. 开放式译码

开放式译码就是对实地访谈、实地观察和收集到的资料进行汇总研究的过程，通过规范的研究模式，对现象进行标签化、对概念进行规范化，从而形成科学的研究主题词，并找到主题词与主题词之间的同义、相关或从属关系的过程。在本书的译码过程中，笔者综合运用主题分析，通过概念化—规范化—范畴化的译码程序，准确凝练出范畴。

范畴指的是一组概念，这组概念能够反映一个事物更深层次的本质和内涵，从更高层次上对现象进行抽象和反射。将概念聚拢在一起，从更高层次反映现象本质的过程即为范畴化的过程。本书将经过规范化形成的具有同义关系、相关关系或从属关系的一级主题词提取出来，深入分析其所代表的内涵，将指向同一现象、同一本质、同一内容的题项进行聚拢，形成相应的范畴。形成的具有从属关系的范畴，将是进一步进行主轴式译码研究的基础。经过范畴化的过程，本书共提取了 14 个范畴，见表 3-2。

表 3-2 开发式译码

编码	范畴	概念
1	及时性	更新速度,时间,过时
2	准确性	客观,精确,正确,符合事实
3	综合性	细节,范围,深度,广度,全面
4	可读性	流畅,理解困难,理解容易,重点突出,晦涩
5	来源专业性	专业,专家,达人,经验丰富,肤浅,业余
6	来源可靠性	诚实,真实,虚假评论
7	评论关注度	阅读人数,点击量
8	评论互动人气	点赞量,有用性投票,回复评论数量
9	产品重要性	特殊意义,重要,兴趣爱好
10	产品价格	价值,低廉,低价,便宜,贵重
11	知识获取	改变了对产品的了解,增加了对产品的了解,一无所获,消除疑惑
12	帮助购买决策	快速做决定,节约时间
13	改变购买意愿	购买意愿增强,购买意愿减弱
14	改变购买策略	更改购买时间,更改购买型号,更改购买渠道

2. 主轴式译码

主轴式译码是将开放式编码过程中打散的范畴,利用典型模型将各个范畴之间的关系理清。通过主轴分析,将以上的 14 个范畴归为 6 类,见表 3-3。

表 3-3 主轴式译码

编码	关系类别	关系的范畴	关系的内涵
1	评论质量	及时性 准确性 综合性 可读性	评论接收者对信息的内在功能价值与结构属性的感知
2	来源可信度	来源专业性 来源可靠性	评论接收者对评论者的公平、公正以及能力的认同
3	评论热度	评论关注度 评论互动人气	评论接收者感知到的评论受关注的程度

（续表）

编码	关系类别	关系的范畴	关系的内涵
4	产品卷入度	产品重要性 产品价格	评论接收者基于其自身固有的欲望、价值、关心而对某一产品所感知到的重要性和关联性程度
5	评论有用性	知识获取 帮助购买决策	在线评论对制定购买策略是否有帮助的一种主观感知
6	评论采纳意愿	改变购买意愿 改变购买策略	消费者接受评论的建议，而改变了原有的购买意愿或决策

主范畴分析就是从已有范畴中提炼核心范畴，这些范畴能将其他范畴联系起来。在表 3 - 2 的基础上，本书梳理出了评论质量、来源可信度、评论热度、产品卷入度、评论有用性和评论采纳意愿等 6 个主范畴，如表 3 - 3 所示。

3. 选择式译码

选择式译码是指选择核心范畴，把它系统性地和其他范畴予以联系，验证它们之间的关系，并将概念化尚未发展完善的范畴补充完整的过程。本研究的核心范畴可以范畴化为“消费者采纳在线评论的影响因素”，以下分析这个核心范畴是否能统领其他主范畴。

本书认为，评论质量、评论热度以及评论者的可信度影响了消费者对在线评论有用性的感知，即丰富或改变了消费者对产品的认知，为其做购买决策节约了时间，最终影响消费者对在线评论的采纳意愿，即相信评论者所言、改变购买意愿或者改变购买策略。

就在线评论质量而言，可分为及时性、准确性、综合性、可读性 4 个维度。消费者在查看在线评论信息时会查看评论内容质量，如果他们面对的只是其他消费者为凑字数、赚取积分奖励等而发表的一些粗略的感慨，信息接收者会快速将其过滤掉，而当面对高质量评论时，消费者会尽其所能挖掘一些产品或服务细节，从而最大限度地降低自己的购买风险。在此基础上，当消费者产品卷入度高时，消费者会更加在意评论的质量。

同时，消费者会担心自己获取的信息，只是个例，不能反映消费者对产品的整体评价。而评论热度的高低在一定程度上反映该评论是否是主流观念。因此在线评论的热度也对评论的有用性产生重要影响。

评论者的可信度同样决定了在线评论最终能否被采纳。因为在线评论内容是否真实,是决定消费者是否在未来的购买决策过程中接受该评论建议的前提条件。如果一旦潜在的消费者接受了某个评论的建议,就意味着他将该评论的内容作为决策的重要依据,据此会承担很大的购买风险。即使只是转发给自己的朋友,如果该评论的可信度有问题,也会使转帖人承担很大的建议风险。因此,确保内容的专业、可靠、公正是影响潜在消费者后续行为最重要的因素,是影响信息传播力最重要的变量之一。

3.2 研究模型与假设

Wu 和 Shaffer(1987)认为当口碑信息被消费者认同并对消费者的购买行为有一定的影响或激励时,消费者就会依据口碑信息来制定购买决策,这个过程称之为口碑的信息采纳[115]。Cheung、Lee 和 Rabjohn(2008)则将信息采纳及信息采纳行为描述为:"信息采纳是人们有目的地利用信息的过程。信息采纳行为是用户从虚拟社区中获取信息来引导自身行为的主要方式之一"[29]。而国内学者宋雪雁、王萍(2010)则认为以上定义,忽略了用户的主观能动性[116]。本书针对在线评论这种特殊的口碑信息,借鉴前人的研究,将在线评论采纳定义为:消费者有目的地选择、评价、接受和利用在线评论的过程,并且该过程会影响其的后续购买决策行为。

在线评论有用性则是消费者信息采纳的决定因素。在线评论有用性是来源于技术接受模型中的感知有用性,是指个体在应用新技术或新系统后对自己工作绩效的提升程度。有时在线评论有用性并不一定会导致购买意向,有可能会使消费者态度发生变化等。同时,根据上文扎根理论的研究结果显示,消费者对在线评论有用性的感知会直接影响消费者的采纳行为,而在线评论有用性则主要受评论质量和评论来源两个维度的影响,这一结果和信息采纳理论以及大量的现有研究相吻合。另外,由于本研究在扎根理论的研究中，还得出评论热度同样是影响评论有用性的重要因素。下文我们将结合理论和文献分析，进一步探讨扎根理论得出的结果，并提出研究模型和假设。

3.2.1 在线评论有用性

在 TAM 理论中，感知有用性是用户自身估计由于使用新技术而增强或提高自身绩效的水平与程度。根据精细加工可能性模型，信息接收者会根据自身能力和动机的不同，对信息采取不同的加工路径从而形成相应的态度，在这一过程中，消费者会判断在线评论是否对满足自己的信息需求有所帮助，即是否有用。"有用"是消费者对信息内容的予以采纳的基本前提。彭岚等人(2011)把在线评论的感知有用性定义为消费者关于在线评论对自己的购买决策是否有帮助的一种主观感知[117]。Eagly 和 Chaiken(1993)研究发现，消费者采纳新信息主要基于消费者感知到新信息的有用性程度[118]。信息采纳模型指出，感知有用性是信息采纳的基础，能够影响信息质量、来源可信性与信息采纳之间的关系[35]。Cheung、Lee 和 Rabjohn 等(2008)以餐饮在线评论为研究对象，通过实证分析得出，消费者对于在线评论的感知有用性正向影响其信息采纳意愿与相关行为[29]。在本研究的访谈过程中，大量的被采访对象表示评论是否有用是其最终采纳的直接原因。因此，本书提出假设——

H1c：评论有用性正向影响消费者采纳评论。

3.2.2 在线评论质量

在线评论内容的质量是接收者对内容信息的内在功能价值与结构属性的感知，并且能够直接影响信息接收者的态度，尤其是在网络环境中[119][120]。Park 和 Lee(2009)则指出，由于在线评论具有可追溯、可存储以及易管理的特点，接收者可以很方便且直观地查阅评论内容，导致高质量的在线评论可以轻易地被接收者定位到，致使高质量评论比低质量评论对消费者影响更大[121]。Mayzlin 和 Chevalier(2004)研究了在线书评对图书在线销量的影响，分析得出，评论质量的提高对图书销量的增长有着很大的帮助[66]。Cheung、Lee 和 Rabjohn(2008)通过实证研究发现,相关性和综合性是考察在线评论质量的重要维度,并证实它们对在线评论的有用性有显著影响[29]。Bailey 和 Pearson(1983)认为在线评论信息质量包括 4 个维度:综合性、相关性、准确性和及时性[122]。而在我们的访谈研究中,针对在线评论质量共提取出 4 个维度,分别是及时性、准确性、综合性和可读性。结合现有的研究成果,本书将在线评论分为 5 个维度,分别是相关性、及时性、准确性、综合性和可读性。

1. 相关性

相关性是指在线评论的内容应与评论接收者的信息需要相一致。网络用户对时间较为敏感,所以信息的相关性显得尤为重要。用户希望以最小的努力最快地找到有用的信息[123]。研究证实,口碑信息的相关性对口碑的有用性感知有显著的影响[29][122]。但在本书的扎根理论研究中,并未提取到相关性这一概念,归其原因,可能是大部分在线评论系统或产品评论平台上的评论信息,绝大部分都和产品是有联系的,导致消费者认为评论信息和产品相关是理所当然的,甚至认为相关性对在线评论的重要性是不言而喻的,最终导致在访谈时,很少有人提及。为验证以上推理,本书提出假设——

H2c:评论相关性正向影响评论有用性。

2. 及时性

在线评论的及时性指的是发表的评论是否及时反映当前情况,能否做到及时更新。例如:对某产品一年前发表的评论和最近一天发表的评论的时效性是不同的,二者对消费者购买行为产生的影响也是有差异的。评论信息发表时间与消费者购买行为发生时间越接近,信息接收者认为该网络评价更能反映产品当前的状态,可信度感知就越高。Madu C. N.和 Madu A. A.认为,如果一个网站的评论信息无法及时更新的话,会导致已经购买的消费者失去评价的动力,同时潜在消费者会感觉到产品已经“过气”,从而失去购买意愿[124]。郭潇(2010)在研究在线评论对旅游预订意向的影响时,则发现评论的及时性对旅游预订意向存在正向影响。发表天数越短,评论的及时性将越强[125]。而且从网民的实际购物习惯中也可推测出消费者喜欢浏览最近发表的评论信息。因此，本书提出假设——

H3c：评论及时性正向影响评论有用性。

3. 准确性

准确性则反映了在线评论内容的正确性，需要符合实际的情况，不能夸大或贬低。关于产品的评价内容需要准确地反映出该产品或服务本身的特征和优缺点，对产品过分地称赞或贬低，消费者会认为评论缺乏客观性、公正性，可信度也会大大地降低[126]。在现实生活中有很多评论，如“这个手机开机速度好快”“电脑运行时很烫”，这类评论由于缺少具体数值或参考对象而导致潜在消费者难以判断“快到什么程度”“烫到什么程度”，极大地降低了评论的参考价值。在访谈过程中，更多被访谈对象表示准确性高的评论对其帮助更大。因此，本书提出假设——

H4c：评论准确性正向影响评论有用性。

4. 综合性

Sullivan 认为信息披露的细节越多，涉及的面越广，则信息的综合性越高，并通过实证分析证明，信息的综合性正向影响信息的有用性[127]。借鉴 Bailey 和 Pearson (1983)以及 Sullivan(1999)对信息综合性的定义，本书将在线评论的综合性定义为：在线评论的内容是否完整，评论内容的深度和广度能够满足消费者需要的程度。

在针对单个评论的综合性研究中，现有文献大多是用评论的字数来衡量，认为评论字数和评论综合性是正向相关。但这一做法受到大量的质疑，因为一个长篇幅的评论，很可能大部分是评论者的主观感慨，而未涉及产品的具体属性。反之亦然，一条非常短的评论，却可能包含产品的多个特性的描述[128]。因此本书认为，评论的综合性是一种主观感受，不适合用字数来量化。同时在本研究的访谈过程中，“细节”“肤浅”“深度”和“详细”等概念被大量的提及。因此，本书提出假设——

H5c：评论综合性正向影响评论有用性。

5. 可读性

可读性是指个体在阅读和理解文本信息时感受到的难易程度。一直以来，可读性都是文本挖掘领域中的关注重点。弗莱施公式便是最著名的可读性的量化公式。

该公式认为文本的可读性可以从文字数量、句子长度以及人称关系的运用等方面来衡量[129]。近年来,不少学者将可读性的文本挖掘在应用上进行了拓展。如 Korfiatis 等(2012)采用 ARI、FOG 等公式来量化英语文本的可读性,并将其应用到在线评论可读性与该评论在网络上"有用/无用"投票得分的关系的研究中,结果表明在线评论的可读性对评论"有用性得分"有显著正向影响[130]。张宁志(2000)则对汉语的可读性量化进行了研究,认为句长、非常用词数量等是汉语文本的可读性重要指标,并证实可读性较好的在线评论往往也被消费者认为更有用[131]。

在本研究的访谈研究中,不少被访谈对象都对评论的可读性有描述,如"重点一目了然""写得好乱""很难找到有用的"和"阅读起来很轻松"等现象,因此在扎根理论研究中,本书构建出可读性这个影响因素,并提出假设——

H6c:评论可读性正向影响评论有用性。

3.2.3 在线评论热度

在线评论热度指的是评论接收者感知到的该评论被关注的程度,其包括讨论的活跃程度和被阅读的次数等。现有的文献中,很少有研究者将在线评论热度与评论采纳意愿联系起来,是因为以往的在线评论系统并没有体现评论热度的功能。随着近两年来,在线评论系统互动性的增强,消费者才有了途径去感受某个评论的热度。不同的平台上,消费者判别评论热度的途径有所不同,主要可归结为以下几个方面:评论的回评数量(回复该评论的评论)、评论的阅读人数、评论有用性投票人数、评论的点赞人数。评论热度越高,讨论得越热烈,其越能引发消费者的从众行为。归其原因,消费者会担心自己获取的信息,只是个例,不能反映消费者对产品的整体评价,而评论热度的高低在一定程度上反映了该评论是否是主流观念[132][133]。同时,消费者认为评论热度越高,就意味着消费者有更大的可能性搜寻到他们想要的信息,从而帮助他们更好地了解产品或服务的信息。Park 和 Lee 通过实验证明,评论的点评数量的增加能够影响消费者对该评论信息有用性的感知[134]。

而在本书的深入访谈中,很多被访谈对象也都表达了在阅读评论时对评论热度的关注，并且表示他们更愿意优先阅读热门评论，去获取产品信息。这在一定程度上也反映出消费者的“从众效应”。因此，在线评论的热度也对评论的有用性产生重要影响。但现有研究还未证实评论热度和评论有用性的关系，而本书探索性地提出假设——

H7c：评论热度正向影响评论有用性。

3.2.4　在线评论来源可信度

可信度被定义为可信任的，具有可信度被认为是“值得信任的”以及具有“专业性”[135]，是个体建立在对某人或来源的能力、个性特征、社交关系等综合感知的基础上做出的判断[136]。在线评论信息来源可信度的研究主要集中在在线评论来源者的专业性、可靠性两个方面[137]。

大量研究证实，当信息接收者认为信息来源具有较高的可信度时，所传播的信息会显著影响到接收者的选择决策。尤其是当接收者面对陌生的信息来源时，信息来源的可信度更容易影响其对推荐知识的采纳[138][139][140]。而消费者可在电子商务的在线评论系统上看到评论者的用户名称、在网站中的评论等级和经验值、他人对其评论的历史有用性投票等信息，以及评论来源、与其他消费者进行互动的回复数等信息，并以此为参考判断评论来源可信度。根据前人研究和访谈结果，本研究将在线评论信息来源可信度分解为在线评论的来源专业性和来源可靠性以研究在线评论有用性的影响因素。

1. 来源专业性

来源专业性是指评论发布者被评论接收者所感受到的能提供正确信息的能力，是指消费者对所有评论发表者的专业性的综合判断[36]。

一般情况下，在线评论系统并没有对于发送者的专业性特征给出一定的判别线索，消费者则往往会根据发送者以往发布的评论数量与评论内容判断发送者的专业性，在此基础上形成对于现有评论的判断[37]。很多研究证实了评论者的专业性对消费者感知有用性的正向影响。

Mitchen 等(1996)对消费者的专业能力进行了研究,结果表明,信息发布者的专业能力会直接影响信息接收者的采纳意愿。因为,信息接收者认为具有专业能力的人拥有更多的产品知识,因此其提供的信息也将更正确。而信息接收者通常是从信息发布者以往的表现来判断其的专业能力[141]。Gilly 等(1998)则指出信息接收者普遍认为专业的信息发布者不仅仅是对产品或服务更加熟悉,甚至可能掌握了很多人无法获取的“内幕信息”,因而专业人士透露的信息不仅被认为有更高的准确性而且还具有更高的价值[142]。

另外,Jacoby 和 Hoyer(1981)认为在每一个产品类别领域,都会自发地产生一些意见领袖,他们一般是通过以往的专业表现,而获得消费者的认可。这些人对产品或服务的意见也往往被认为更有说服力[143]。Burson、Marsteller 和 Starch 则对互联网上的意见领袖进行了重点研究,网络社区的意见领袖在影响消费者购物决策和维系网络社区发展中起到了重要的作用。调查发现在网络社区环境下,意见领袖出于自我提升和维护地位的目的,会努力获取更多的专业知识,并且在网络社交中贡献更多的知识,包括主动发起话题或参与讨论相关话题[144]。同时在本研究的访谈中,很多被访谈对象都表达了对评论者专业性的关注。本研究认为,在线评论发表者专业程度越高,在线评论对消费者来说越有用。因此,本书提出假设——

H8c:来源专业性正向影响评论有用性。

2. 来源可靠性

来源可靠性是指评论接收者认为评论发布者具有公正、客观的态度。而现有的很多研究,主要是参考电子商务网站中评论者资信度的这一指标来衡量评论者的可靠性,电子商务在线评论系统会根据评论信息来源的贡献等因素进行资信度评估[145]。评论来源的资信度是在线评论平台按照评论来源所发布的高质量评论数量作为参考依据评定的等级,如在淘宝、京东商城等 B2C 网站都可以轻易地查看到评论者的资信度。根据双重信息处理理论视角,拥有较高地位的评论来源所发布的信息可信度越高,消费者感知的有用性也越高。Godes 和 Mayzlin 在 1995 年指出在线评论信息来源的匿名性,使得在线评论接收者无法判别信息来源的身份和动机,但消费者会通过对网站赋予信息来源的资信度评估来分析信息的真实性[146]。精细加工可能性模型、信息采纳理论也均表明，当信息质量不容易判定时，信息阅读者往往会参考发出者的可信度，进而间接感知信息价值并考虑是否接受[53][147][148]。然而，消费者们并不仅仅依靠单一的资信度，来判断评论者的可靠性。在本书的访谈中，不少人提到，对评论者的可靠性除了参考官方提供的资信度，他们主要还是从其字里行间去感受。有个别访谈对象，表示他们甚至会去查阅评论者以前的评论，来增强对其可靠性的判断。因此，本书的来源可靠性是指评论接收者对评论发布者公平、公正的整体感受。大量研究也证实了，评论发布者的可靠性显著影响消费者对评论有用性的感知[29]。因此，本书提出假设——

H9c：来源可靠性正向影响评论有用性。

3.2.5 产品卷入度

在本章的研究中，产品卷入度是指在线评论接收者基于其自身固有的欲望、价值、关心而对某一产品所感知到的重要性和关联性程度，根据这种程度差异通常把产品卷入度分为高度卷入和低度卷入。卷入度是一个联结着个体、产品特性和情境的复杂整体[83]。

根据精细加工可能性理论可知，产品卷入度的不同，消费者对在线评论信息的处理路径也不同。高卷入度时，消费者会选择中枢说服线路，即更为认真地思考信息里面所包含的论据，并将其整合为一个总体的意见；低卷入度时，消费者则会选择边缘说服线路，即不会过多地投入精力进行处理信息，对信息内容的关注也会减少，主要是依靠间接提示去做判断。这种现象同样存在于在线评论采纳行为中。

大量研究证实，产品卷入度显著影响消费者信息搜索和信息加工行为[84]。Xue 等(2004)发现评论接收者的产品卷入度和线下口碑经验是在线评论内容对采纳意愿的影响路径上的调节变量[149]。金立印(2007)则通过实验，设置了不同的购买场景，从而对产品卷入度进行控制，实验结果证明：消费者在产品卷入度高时，比在产品卷入度低时更容易受到在线评论的影响；同时，在产品卷入度高时，正面在线评论比负面在线评论对购买意愿的影响差异更大[52]。

Hawkins、Roger 和 Kenneth(1999)则认为,当消费者的产品卷入度较高时,其会投入更多的精力用于收集尽量多的产品相关信息,并进行仔细的分析和比较,整个购买决策过程会比较复杂。而当消费者的产品卷入度较低时,其购买决策将相对简单,有时甚至会忽略信息的收集和处理过程,直接进行消费购买[150]。而在访谈过程中,我们同样采集到类似反馈,访谈对象表示,对于重要的产品,他们会更注重评论的内容。因此本研究认为,产品卷入度在评论质量和评论有用性之间起调节作用。消费者的产品卷入度越高,评论质量对评论有用性的正向影响就越大。由于本书将评论质量分为 5 个维度,因此提出以下 5 个假设——

H10c:评论接收者产品卷入度越大,评论相关性对评论有用性正向影响越大。

H11c:评论接收者产品卷入度越大,评论及时性对评论有用性正向影响越大。

H12c:评论接收者产品卷入度越大,评论准确性对评论有用性正向影响越大。

H13c:评论接收者产品卷入度越大,评论综合性对评论有用性正向影响越大。

H14c:评论接收者产品卷入度越大,评论可读性对评论有用性正向影响越大。

根据以上假设,评论采纳模型如图 3-3 所示。

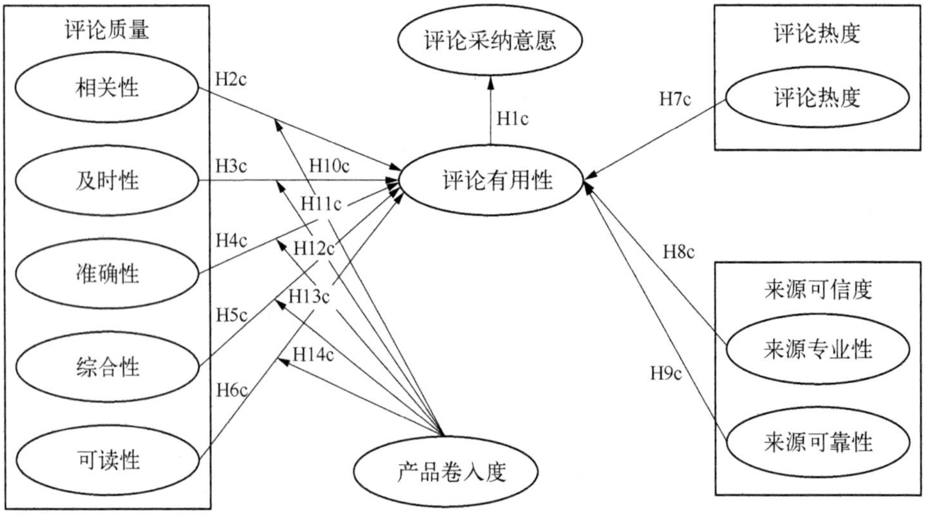

图 3-3 在线评论采纳模型

3.3　实验设计

本书采用实验法来检验上述提出的假设。实验商品的准备对实验结果有一定的影响，根据 Nelson(1974)的分类，商品可以分为搜索型(search)和体验型(experience)。搜索型商品即是那些消费者熟知其性能的商品；而对于体验型商品，消费者对其比较不熟悉，需要花费一定的成本才能得知商品的信息，一般是使用过后方能清楚商品的性能[151]。本实验采用智能手机这一体验型商品作为实验商品，这主要基于 3 方面考虑：① 消费者更加依赖实验中给出的信息作为决策依据，使得实验结果更加清晰可靠；② 智能手机是常见的商品，男女老少都会有购买的需要，被试都很熟悉智能手机产品，能够根据自己的经验理解评论内容；③ 网上有大量关于手机的评论。

实验过程主要由 5 个部分组成，如下所示。

第一步：宣读实验注意事项。向被试宣读实验的相关注意事项并对被试的参与表示感谢。

第二步：描述实验情景。实验情景为您准备在网上选购一个智能手机，您正在浏览一个购物网站，其间您对某款智能手机产生了兴趣，因而您进入了该产品的相关信息页面，并开始浏览该产品的评论信息。

第三步：要求被试阅读产品评论。实验员将会随机地为被试提供某款手机的真实在线评论页面，并要求其仔细阅读，阅读时间为 5 分钟。产品在线评论均来自亚马逊官方网站(http://www.amazon.cn)，评论页面如图 3-4 所示。

第四步：要求被试完成测度题项。被试在阅读完相关产品评论后，被要求随机地根据其阅读过的一条评论，完成后续的测度题项以及填写个人的基本信息。

第五步：回收实验材料并对被试表示感谢，宣布实验结束。将被试填写完的测度题项进行逐一回收和整理，对被试再次表示感谢。

图 3-4　实验评论页面之一

3.4　问卷设计

沿用上一章所提及的问卷设计原则和过程，对上述评论采纳模型进行问卷设计。问卷由 2 部分组成：第一部分是人口学变量，包括性别、年龄、学历和专业类型；第二部分包括评论相关性、评论及时性、评论准确性、评论综合性、评论可读性、评论热度、来源专业性、来源可靠性、产品卷入度、评论有用性和评论采纳意愿等 11 个变量。问卷设计引用前人研究的成熟量表，并结合访谈过程中的资料。为了避免因翻译不当而引起语义理解偏差，先后征求多名专业人士的意见，目的是检测问卷语义是否清晰，表述是否规范。

所有变量的测度，均使用超过 3 个以上的测度题项进行测度。量表刻度均采用李克特 5 级刻度。在线评论采纳模型测度题项及来源见表 3-4。

表 3-4 在线评论采纳模型测度题项及来源

变量名称	测度题项	来源
相关性	RE1 该评论是和产品相关的 RE2 该评论是和产品有联系的 RE3 该评论和产品本身是无关的	Wixom 和 Todd (2005)
及时性	TI1 该评论是及时更新的 TI2 该评论是最新的 TI3 该评论的内容并不过时	Wixom 和 Todd (2005) 郑小平(2008)
准确性	AC1 该评论是准确的 AC2 该评论是正确的 AC3 该评论是客观的	Cheung、Lee 和 Rabjohn (2008)
综合性	COM1 该评论涉及内容很全面 COM2 该评论是细致、详尽的 COM3 该评论包含内容很丰富 COM4 该评论可以满足我的需求	Cheung、Lee 和 Rabjohn (2008)
可读性	ER1 理解这个评论内容很难 ER2 阅读该评论对我来说很容易 ER3 从该评论中很容易获得我想要的信息	Cheung、Lee 和 Rabjohn (2008)
评论热度	RH1 该评论是热门评论 RH2 很多人关注该评论 RH3 该评论阅读量很高	Park 和 Lee (2009) 研究调整
来源专业性	SE1 评论者具有与该产品相关的知识 SE2 评论者在该产品消费领域是有经验的 SE3 评论者在该产品消费领域是行家 SE4 评论者的专业水平不高 SE5 评论者具备提供正确信息的能力	Wu 和 Shaffer (1987)
来源可靠性	ST1 评论者是诚实的 ST2 评论者是真实的消费者 ST3 评论者会保证评论内容的真实性	Wu 和 Shaffer (1987)
产品卷入度	PI1 购买该产品时，我会很慎重地选择 PI2 该产品对我来说很重要 PI3 该产品是我所关注的产品 PI4 该产品是我所需要的 PI5 我会花精力研究该产品	Zaichkowsky (1985)

（续表）

变量名称	测度题项	来源
评论有用性	RU1 该评论提高了我对产品的了解 RU2 该评论消除了我对产品的疑惑 RU3 该评论为我节约了搜寻产品信息的时间 RU4 该评论是有用的	Bailey 和 Pearson (1983) Park 和 Lee (2009)
评论采纳意愿	RA1 我参考了该评论给的建议 RA2 该评论帮助了我做购买决策 RA3 该评论改变了我的购买意愿	Wu 和 Shaffer (1987)

3.5 预测试

在预测试阶段，针对上述模型，共收集63份问卷，利用探索性因素分析(EFA)来检测测度工具的区别效度和聚合效度。在探索因素分析中聚合效度要求一个因子的所有测度题项在该因子上的因子载荷大于0.5，区别效度要求一个因子的所有测度题项在其他因子上的因子载荷小于0.4。通过SPSS 18.0软件，对在线评论采纳模型进行探索性因素分析，结果如表3-5所示。

根据区别效度和聚合效度的标准，删除在各主成分上因子载荷都小于0.5的题项，因此本书删除SE5(因子载荷0.428)、PI4(因子载荷0.390)。删除题项后，对量表重新进行探索性因素分析，结果如表3-6所示。

最终提取了相关性、及时性、准确性、综合性、可读性、评论热度、来源专业性、来源可靠性、产品卷入度、评论有用性和评论采纳意愿11个因子，完全符合理论架构。

表 3－5　在线评论采纳模型的因子载荷矩阵

变量	题项代码	因子										
		1	2	3	4	5	6	7	8	9	10	11
相关性	RE1	**0.743**	0.005	0.023	0.017	0.009	0.128	0.071	0.116	0.140	0.156	0.040
	RE2	**0.721**	0.206	0.043	0.063	0.151	－0.008	0.034	0.070	0.012	0.143	0.048
	RE3	**0.742**	0.066	－0.131	0.003	0.212	0.053	0.092	－0.020	0.003	0.182	0.091
及时性	TI1	0.079	**0.763**	0.067	0.156	0.121	0.123	0.184	0.065	0.099	0.076	0.243
	TI2	0.237	**0.812**	0.108	－0.017	0.005	0.154	0.091	0.009	0.143	0.034	0.082
	TI3	0.219	**0.725**	－0.146	0.158	0.032	0.129	0.120	0.193	0.003	0.002	0.191
准确性	AC1	0.019	0.163	**0.698**	0.070	0.124	0.049	0.207	0.190	0.008	0.031	－0.090
	AC2	－0.141	0.234	**0.739**	0.082	0.079	0.133	0.069	0.021	0.219	0.059	0.193
	AC3	－0.066	0.042	**0.783**	0.190	0.183	0.241	0.048	0.024	0.001	0.137	0.006
综合性	COM1	0.109	－0.005	－0.091	**0.866**	－0.024	0.051	0.199	0.122	0.128	0.042	0.243
	COM2	0.053	－0.209	0.106	**0.787**	0.231	0.091	0.101	0.090	0.116	0.043	0.045
	COM3	－0.046	0.044	0.257	**0.731**	0.121	0.077	0.151	0.035	－0.131	0.098	0.103
	COM4	－0.147	0.076	0.014	**0.772**	0.082	0.214	0.075	0.162	0.209	0.089	0.194
可读性	ER1	0.201	0.032	0.044	0.015	**0.832**	0.034	0.012	0.060	0.182	0.121	0.070
	ER2	0.181	0.109	0.178	0.171	**0.828**	0.182	0.123	0.028	0.119	0.043	0.076
	ER3	0.044	－0.180	0.123	0.177	**0.724**	0.196	0.034	0.247	0.108	－0.054	0.197
评论热度	RH1	0.100	0.153	0.201	0.233	0.033	**0.801**	0.154	0.064	0.241	0.189	－0.107
	RH2	0.139	0.259	0.039	0.192	0.078	**0.826**	0.045	0.016	0.163	0.023	0.098
	RH3	0.137	0.158	－0.084	0.072	0.056	**0.845**	0.283	0.201	0.083	0.208	0.200

（续表）

变量	题项代码	因子										
		1	2	3	4	5	6	7	8	9	10	11
来源专业性	SE1	−0.007	0.042	0.061	−0.080	0.110	−0.037	**0.741**	0.153	0.198	0.031	0.098
	SE2	0.091	0.083	0.207	−0.141	0.022	0.199	**0.702**	0.202	0.074	0.119	0.166
	SE3	0.130	−0.033	0.184	0.015	0.092	0.234	**0.681**	0.226	0.089	0.175	0.130
	SE4	0.046	−0.123	0.019	0.203	0.195	0.029	**0.729**	0.007	−0.033	0.099	0.087
	SE5	0.032	0.574	0.038	0.219	0.300	0.204	**0.428**	0.092	0.189	0.067	0.097
来源可靠性	ST1	0.013	0.172	0.032	0.176	−0.101	0.042	0.279	**0.732**	0.056	0.090	0.023
	ST2	0.196	0.139	−0.145	0.035	0.157	−0.048	0.087	**0.843**	0.187	0.187	−0.075
	ST3	0.218	0.138	0.201	0.038	0.049	0.067	0.172	**0.693**	0.201	0.041	0.099
产品卷入度	PI1	0.193	0.094	0.109	0.098	0.018	0.098	0.198	0.078	**0.714**	0.119	0.172
	PI2	0.047	0.087	−0.065	0.168	0.004	0.158	0.009	0.191	**0.802**	0.067	0.098
	PI3	0.043	0.102	0.166	0.208	0.062	0.155	0.072	0.129	**0.682**	0.073	0.211
	PI4	0.227	0.283	0.201	0.192	0.482	0.084	0.013	0.149	**0.390**	0.501	0.049
	PI5	0.201	0.103	−0.032	0.274	0.079	0.263	0.183	0.229	**0.698**	0.093	0.198
评论有用性	RU1	0.032	0.212	0.033	0.048	0.098	−0.123	0.210	0.126	0.032	**0.756**	0.138
	RU2	0.079	0.087	−0.043	0.137	0.048	0.274	0.116	0.049	0.027	**0.832**	0.238
	RU3	0.028	0.048	0.002	0.239	0.200	0.143	0.050	0.005	0.020	**0.793**	0.067
	RU4	−0.043	0.202	0.257	0.069	0.021	0.129	−0.007	0.080	0.153	**0.742**	0.254
评论采纳意愿	RA1	0.008	0.023	0.198	0.091	−0.024	0.213	0.083	0.102	0.006	0.128	**0.828**
	RA2	0.132	0.201	0.228	−0.199	0.195	0.219	−0.142	0.204	0.070	0.003	**0.803**
	RA3	0.119	0.103	0.198	0.082	0.027	0.176	−0.101	0.042	0.021	0.083	**0.822**
共解释方差（%）		70.426										

表 3-6　在线评论采纳模型修正后的因子载荷矩阵

变量	题项代码	因子										
		1	2	3	4	5	6	7	8	9	10	11
相关性	RE1	**0.801**	−0.022	0.052	0.043	0.201	0.013	0.021	0.056	0.092	0.033	0.071
	RE2	**0.726**	0.012	0.148	0.091	0.185	0.079	0.072	0.143	0.260	0.218	0.116
	RE3	**0.730**	0.063	0.076	0.100	0.012	0.194	−0.145	0.082	0.176	−0.123	0.078
及时性	TI1	0.007	**0.737**	0.054	−0.084	0.170	0.019	0.139	0.035	0.169	−0.028	0.219
	TI2	0.206	**0.849**	0.128	0.083	0.111	−0.006	0.171	0.106	0.079	0.229	−0.032
	TI3	0.036	**0.708**	−0.008	−0.023	0.095	0.030	0.153	0.031	0.233	−0.122	0.087
准确性	AC1	0.023	0.063	**0.708**	0.140	0.157	0.139	0.259	0.015	−0.003	0.078	−0.046
	AC2	0.004	0.018	**0.729**	0.184	−0.122	0.237	0.200	0.148	0.150	0.145	0.029
	AC3	−0.131	0.003	**0.771**	0.156	0.176	−0.007	0.042	0.064	0.107	0.110	0.257
综合性	COM1	0.181	0.272	0.034	**0.883**	0.211	−0.040	0.028	0.192	−0.171	0.022	0.195
	COM2	0.045	0.009	0.071	**0.807**	−0.016	0.130	−0.080	0.038	0.201	0.130	0.083
	COM3	0.191	0.040	0.270	**0.755**	0.038	0.046	−0.123	−0.182	0.203	0.043	0.070
	COM4	0.180	0.029	0.003	**0.778**	0.137	0.032	0.046	0.061	0.150	0.153	0.032
可读性	ER1	0.201	0.032	0.184	0.015	**0.816**	0.092	0.172	0.032	−0.086	−0.101	−0.146
	ER2	0.181	0.239	0.178	0.091	**0.850**	0.196	−0.007	0.039	0.035	0.091	0.042
	ER3	0.044	0.077	0.092	−0.099	**0.744**	0.218	0.138	0.574	0.172	0.109	0.171
评论热度	RH1	0.183	0.039	0.057	0.233	0.175	**0.756**	0.107	−0.033	0.019	0.238	0.100
	RH2	0.139	0.079	0.033	0.097	0.205	**0.792**	0.207	0.174	0.137	0.203	0.237
	RH3	0.031	0.158	0.094	0.138	0.208	**0.836**	0.032	0.072	0.207	0.209	0.013

（续表）

变量	题项代码	因子										
		1	2	3	4	5	6	7	8	9	10	11
来源专业性	SE1	0.123	0.036	0.207	0.105	0.122	0.098	**0.762**	0.201	0.222	0.022	−0.091
	SE2	0.213	0.219	−0.072	0.031	0.088	0.166	**0.725**	−0.073	0.168	−0.001	−0.132
	SE3	0.085	0.143	0.049	−0.013	0.091	0.277	**0.689**	−0.141	0.069	0.046	0.199
	SE4	0.029	−0.123	0.006	0.078	0.260	0.208	**0.747**	0.167	0.020	0.021	0.042
来源可靠性	ST1	0.102	0.239	0.075	−0.043	0.137	0.029	0.050	**0.754**	0.109	0.188	0.162
	ST2	0.201	0.192	0.032	0.176	0.056	0.025	0.071	**0.865**	0.200	−0.035	0.087
	ST3	0.186	0.177	−0.145	0.124	0.160	0.082	0.206	**0.706**	0.129	0.080	0.008
产品卷入度	PI1	0.218	0.138	0.198	0.165	−0.131	0.129	0.039	0.244	**0.746**	0.105	0.027
	PI2	0.196	0.094	0.082	−0.101	0.027	0.241	0.129	0.196	**0.852**	0.042	0.098
	PI3	0.129	0.200	0.027	0.097	0.088	0.204	0.109	0.172	**0.698**	0.283	0.211
	PI5	0.043	0.232	0.023	0.070	0.201	0.192	0.083	−0.107	**0.728**	−0.192	0.007
评论有用性	RU1	0.154	0.163	0.257	0.102	0.023	0.205	0.030	0.103	0.006	**0.760**	0.213
	RU2	0.016	0.017	0.048	0.014	0.021	0.190	0.177	0.081	0.107	**0.836**	0.077
	RU3	0.185	0.231	0.067	−0.038	0.150	0.042	0.209	0.120	0.005	**0.824**	0.163
	RU4	0.166	0.202	0.108	0.030	−0.122	0.015	0.083	0.038	0.153	**0.773**	0.023
评论采纳意愿	RA1	0.201	0.177	0.086	0.121	0.026	0.085	0.005	0.069	0.092	0.021	**0.829**
	RA2	0.043	0.146	0.053	0.150	0.137	−0.048	0.102	0.049	0.070	0.013	**0.834**
	RA3	0.110	0.116	0.214	0.193	0.153	0.099	0.133	0.066	0.158	0.258	**0.836**
共解释方差(%)		71.733										

3.6　主实验数据分析

3.6.1　数据收集

主实验选取 300 名有网购经验的人士，共发放问卷 300 份，回收 275 份，有效问卷 260 份，回收率为 91.6%，有效回收率为 94.5%。受访者男女比例比较均匀，男性人数(135 人)稍高于女性人数(125 人)。年龄在 18～24 岁的占 75%，其次年龄在 25～29 岁的占 16.2%。在受教育程度方面，本科人数(172 人)最多，占 66.2%；其次为硕士人数(47 人)，占 18.1%。由此可见，受访者主要来自文化程度较高的青年。这和《亚马逊 2014 年度网络购物趋势及 2015 年消费热点报告》显示的近八成网络购物消费群体集中在 35 岁以下、近九成的用户拥有本科及以上学历的结果基本一致。

3.6.2　描述性统计分析

本研究主要观测变量的描述性统计分析结果如表 3 - 7 所示。

表 3 - 7　在线评论采纳模型：测度指标的描述性统计分析结果

变量	项目	最小值	最大值	均值	标准差	偏度	峰度
相关性	RE1	1	5	4.04	0.732	1.667	0.408
	RE2	1	5	3.80	0.712	− 0.680	0.619
	RE3	1	5	3.69	0.801	1.105	1.685
及时性	TI1	1	5	3.28	0.940	− 0.612	2.721
	TI2	1	5	3.37	0.865	0.586	0.302
	TI3	1	5	3.42	0.911	1.265	0.446
准确性	AC1	1	5	3.65	0.780	− 0.236	− 0.420
	AC2	1	5	3.32	0.807	− 0.423	0.964
	AC3	1	5	3.11	0.723	− 0.269	0.321

（续表）

变量	项目	最小值	最大值	均值	标准差	偏度	峰度
综合性	COM1	1	5	3.22	0.935	0.066	1.105
	COM2	1	5	3.57	0.825	0.137	0.704
	COM3	1	5	3.06	0.843	-0.346	2.634
	COM4	1	5	3.13	0.886	0.156	0.833
可读性	ER1	1	5	3.34	0.910	-1.359	0.516
	ER2	1	5	3.53	0.766	0.685	0.837
	ER3	1	5	3.26	0.843	-0.685	-1.067
评论热度	RH1	1	5	2.93	1.077	-0.301	-0.459
	RH2	1	5	3.24	0.848	-0.575	-0.042
	RH3	1	5	3.30	0.902	0.763	1.330
来源专业性	SE1	1	5	3.33	0.814	-0.632	0.424
	SE2	1	5	3.28	0.905	-0.595	0.677
	SE3	1	5	3.39	0.940	0.289	2.721
	SE4	1	5	3.23	1.009	-1.394	3.362
来源可靠性	ST1	1	5	3.43	0.926	1.265	4.277
	ST2	1	5	3.51	1.103	-0.286	1.715
	ST3	1	5	3.22	0.835	-0.443	0.546
产品卷入度	PI1	1	5	3.71	1.027	-0.480	0.321
	PI2	1	5	3.27	0.920	0.066	1.624
	PI3	1	5	3.32	0.885	0.141	0.678
	PI5	1	5	3.06	0.932	-0.265	2.614
评论有用性	RU1	1	5	3.29	0.933	-0.685	4.252
	RU2	1	5	3.41	0.948	0.964	1.317
	RU3	1	5	3.19	0.885	0.723	-1.065
	RU4	1	5	3.31	0.987	0.939	0.684
评论采纳意愿	RA1	1	5	3.24	0.899	-0.563	-0.032
	RA2	1	5	3.38	0.953	0.767	0.821
	RA3	1	5	3.24	0.892	-0.308	0.519

从表3-7中可以看出,所有观测变量得分都处于最小值1至最大值5之间,两个极端值均有人选择,表明参与问卷调查人员对问项的回答具有较大的差别。在均值和标准差方面,均值最小为2.93、最大为4.04,标准差则在0.7与1.5之间。偏度系数绝对值最大为1.667,峰度系数绝对值最大为4.277,均在标准范围之内,故可以判定:本研究的样本数据符合正态分布,可以进行后续的SEM分析。

3.6.3　测度模型检验

本章仍采用验证因素分析来进行测度模型检验,验证因素分析中聚合效度要求所有变量的Cronbach'α值和变量的组合信度(CR)都高于基准值0.6。另外,变量的平均变异抽取量(AVE)的值要高于标准值0.5。区别效度检验则要求变量的AVE值的平方根大于其他变量之间的相关系数。表3-8为测度模型的聚合效度,表3-9为模型变量间的相关系数矩阵。结果表明,在线评论采纳的测度模型有较好的聚合效度和区别效度。

表3-8　在线评论采纳模型:测度模型的聚合效度

变量	题项代码	标准化系数	T值	AVE	CR	Cronbach'α
相关性	RE1	0.768	10.213	0.551 2	0.785 9	0.807
	RE2	0.779	11.839			
	RE3	0.676				
及时性	TI1	0.802	12.932	0.617 2	0.828 3	0.812
	TI2	0.731	10.093			
	TI3	0.821				
准确性	AC1	0.693	9.828	0.594 3	0.813 9	0.803
	AC2	0.811	13.370			
	AC3	0.803				
综合性	COM1	0.703	9.982	0.562 7	0.837 1	0.803
	COM2	0.788	10.565			
	COM3	0.749	9.872			
	COM4	0.758				

（续表）

变量	题项代码	标准化系数	T 值	AVE	CR	Cronbach'α
可读性	ER1	0.750	11.711	0.603 5	0.820 2	0.837
	ER2	0.817	15.028			
	ER3	0.762				
评论热度	RH1	0.685	10.213	0.572 3	0.799 8	0.803
	RH2	0.766	12.358			
	RH3	0.813				
来源专业性	SE1	0.794	13.212	0.611 3	0.862 2	0.889
	SE2	0.810	15.384			
	SE3	0.832	16.982			
	SE4	0.683				
来源可靠性	ST1	0.842	13.675	0.629 3	0.835 5	0.854
	ST2	0.788	12.492			
	ST3	0.747				
产品卷入度	PI1	0.701	9.158	0.581 9	0.847 0	0.859
	PI2	0.852	12.596			
	PI3	0.756	11.032			
	PI5	0.734				
评论有用性	RU1	0.821	12.412	0.688 2	0.898 1	0.865
	RU2	0.842	15.236			
	RU3	0.783	11.812			
	RU4	0.870				
评论采纳意愿	RA1	0.841	16.024	0.616 8	0.827 9	0.841
	RA2	0.783	13.909			
	RA3	0.728				

注：未列 T 值项是固定参数项目。

表 3－9　在线评论采纳模型：变量间的相关系数矩阵

	1	2	3	4	5	6	7	8	9	10	11
1. 相关性	1										
2. 及时性	0.121	1									

（续表）

	1	2	3	4	5	6	7	8	9	10	11
3. 准确性	0.172	0.056	1								
4. 综合性	0.213	0.128	0.309	1							
5. 可读性	0.198	0.292	0.174	0.098	1						
6. 评论热度	0.078	0.021	0.201	0.067	0.035	1					
7. 来源专业性	−0.026	0.057	0.257	0.350	0.106	0.005	1				
8. 来源可靠性	0.032	0.140	0.164	0.098	0.130	0.273	0.093	1			
9. 产品卷入度	0.011	0.032	−0.075	0.022	0.031	0.029	0.004	0.066	1		
10. 评论有用性	0.181	0.083	0.241	0.193	0.120	0.102	0.110	0.094	0.007	1	
11. 评论采纳意愿	0.138	0.078	0.045	0.109	0.321	0.263	0.028	0.014	0.251	0.481	1

3.6.4　假设检验

1. 模型修正与探索

运用 AMOS 18.0 软件，采用极大似然估计法对结构方程模型进行估计，其中外生变量之间的相关性设为自由相关，图 3－5 为原始模型的路径系数，表 3－10 为模型的拟合输出结果。

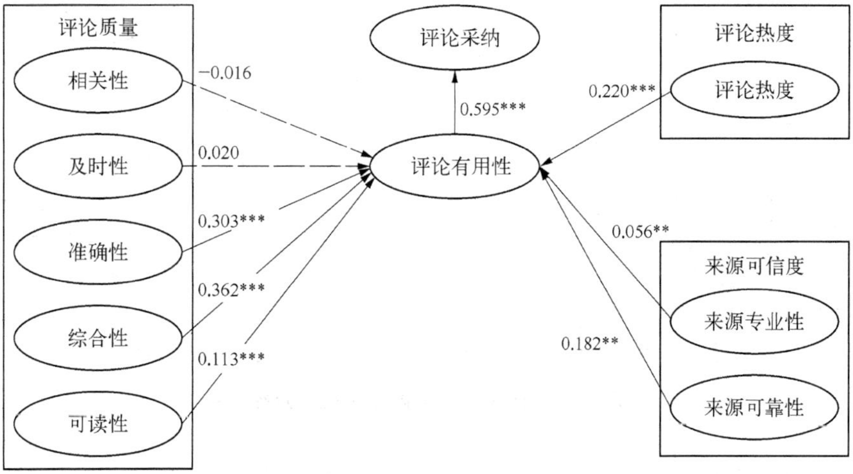

注意：*$p<0.05$、**$p<0.01$、***$p<0.001$，虚线表示该条路径不成立。

图 3－5　在线评论采纳原始模型的路径系数

表 3－10　在线评论采纳原始模型拟合指数

拟合指数	χ^2/df	GFI	AGFI	RMSEA	SRMSR	NFI	NNFI	CFI
建议值	1～3	＞0.8	＞0.8	＜0.1	＜0.08	＞0.9	＞0.9	＞0.9
模型拟合	2.565	0.822	0.729	0.109	0.092	0.852	0.839	0.908

如表 3－10 所示，原始模型中，除 χ^2/df、CFI 的拟合效果较好，其他指数均没有达到评价标准，说明整体的拟合效果不太好。

为此，首先根据 AMOS 18.0 软件的输出报告增加残差间相关关系来对初始模型进行微调；其次删除不显著的路径，一次修改一条路径，将不显著的路径关系一一删除，并仔细观察相关指数的变化，避免同时操作多条路径可能造成的误差，最后得到修正模型的路径系数和拟合指数。由图 3－5 可以看出，在模型的 9 条待检验关系中，只有 2 条没有通过检验，分别为：相关性→评论有用性（$\beta = -0.016$，$p < 0.05$），及时性→评论有用性（$\beta = 0.020$，$p < 0.05$）。因此我们逐步删除这 2 条路径。

最终得到修正模型的路径系数，如图 3－6 所示。

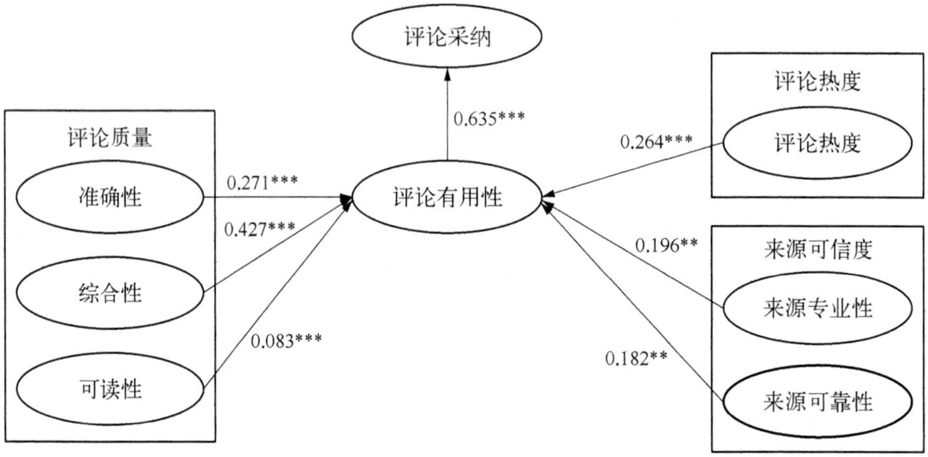

注意：$^*p<0.05$、$^{**}p<0.01$、$^{***}p<0.001$，虚线表示该条路径不成立。

图 3－6　在线评论采纳修正模型的路径系数

修正模型的拟合指数，如表 3－11 所示。参照模型拟合的标准，各项拟合指数都达到标准，可以认为模型拟合结果较好。

表 3－11　在线评论采纳修正模型拟合指数

拟合指数	χ^2/df	GFI	AGFI	RMSEA	SRMSR	NFI	NNFI	CFI
建议值	1～3	＞0.8	＞0.8	＜0.1	＜0.08	＞0.9	＞0.9	＞0.9
模型拟合	1.783	0.903	0.829	0.062	0.069	0.932	0.938	0.912

2. 产品卷入度的调节作用

结构方程模型是分析潜变量调节效应的一种有效工具，而调节效应可以理解为：根据调节变量分类的不同样本群组，在进行模型检验时，模型的路径系数不同。因此本书拟采用结构方程的多群组分析来检验产品卷入度的调节作用。多群组分析是一种结构方程的架构，其功能在于检验相似模型在不同群组受试间的差异。借鉴吴明隆(2013)关于在 AMOS 中进行多群组比较的策略[98]，本书采用如下做法：

第一步：将所有样本按照调节变量分成两组。

本书用 K-Means 方法进行聚类分析，将样本按产品卷入度的高低将产品分成两类，结果如表 3－12 所示。

表 3－12　K－Means 聚类分析结果

变量	聚类名	样本数	均值
PI1	1	167	2.71
	2	93	4.32
PI2	1	167	2.31
	2	93	4.34
PI3	1	167	1.88
	2	93	3.63
PI5	1	167	2.06
	2	93	4.27

随后对分组后的样本进行独立样本 T 检验。T 检验结果显示产品卷入度差异显著，说明两类样本的产品卷入度存在显著不同。

第二步：分类建立初始模型。分别对两类样本数据进行结构方程模型分析。

此步骤中，由于评论的相关性、及时性与评论有用性的关系在上文中未得到证实，因此我们只需验证评论质量中准确性、综合性和可读性在两组样本下对评论有用性影响的差异。图 3-7 和图 3-8 分别为低产品卷入度和高产品卷入度情景下的初始模型路径系数。两初始模型中均未出现大于 1 的标准化路径系数，表示模型的估

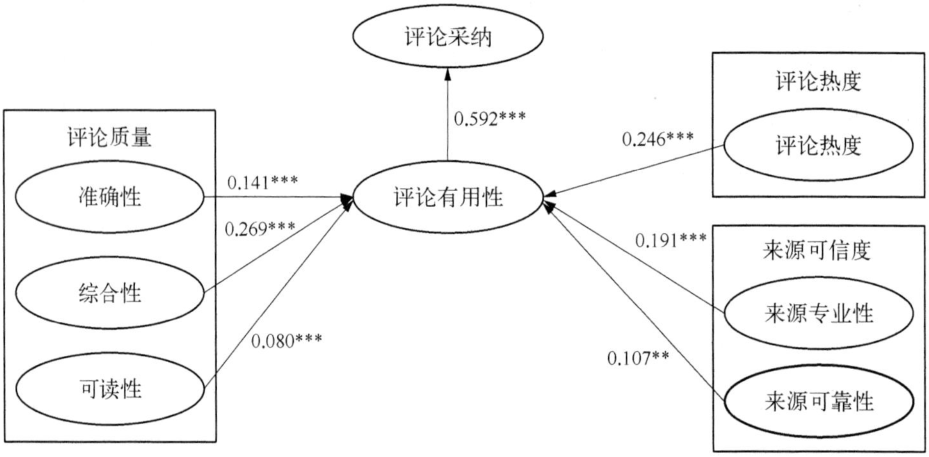

注意：$^*p<0.05$、$^{**}p<0.01$、$^{***}p<0.001$，虚线表示该条路径不成立。

图 3-7　低产品卷入度初始模型的路径系数

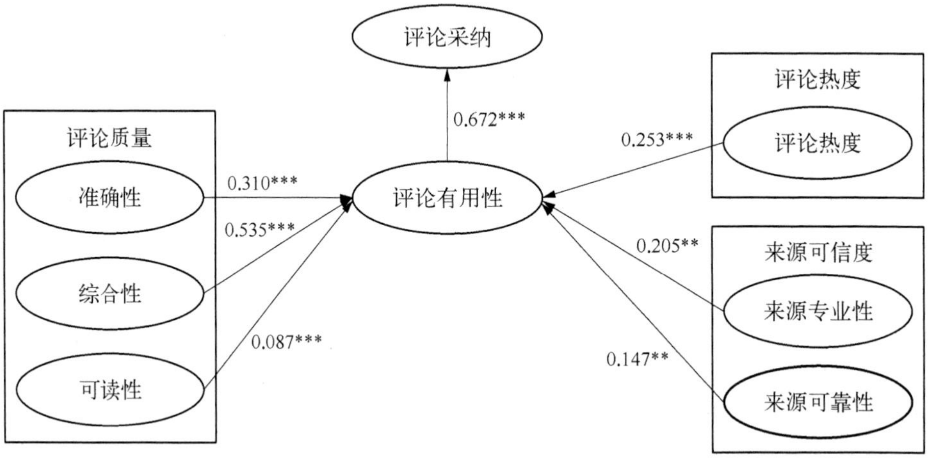

注意：$^*p<0.05$、$^{**}p<0.01$、$^{***}p<0.001$，虚线表示该条路径不成立。

图 3-8　高产品卷入度初始模型的路径系数

计参数均为适当的解。表 3－13 为两个模型的拟合指数。参照模型拟合的标准，整体而言，各项拟合指数都达到标准，可以认为模型拟合结果较好。

表 3－13　基线模型拟合指数

拟合指数	χ^2/df	GFI	AGFI	RMSEA	SRMSR	NFI	NNFI	CFI
建议值	1～3	＞0.8	＞0.8	＜0.1	＜0.08	＞0.9	＞0.9	＞0.9
低产品卷入度初始模型	2.375	0.923	0.874	0.071	0.069	0.925	0.941	0.923
高产品卷入度初始模型	2.789	0.914	0.860	0.076	0.0068	0.901	0.936	0.919

第三步：建立多群组分析模型图与模型估计。甄别单个群组模型图的标准化路径系数是否出现不合理参数，检验卡方自由度比值、GFI、AGFI、RMSEA、SRMSR、NFI、NNFI、CFI 等模型拟合指数，来判断假设模型在两个不同群组间是否具有结构不变性。

本书利用 AMOS 18.0 进行多群组模型分析。低产品卷入度、高产品卷入度的单群组分析与多群组分析的主要拟合指数如表 3－14 所示。

表 3－14　多群组分析的拟合指数

模型	NPAR	CMIN	DF	P	CMIN/DF	NFI	RFI	IFI	NNFI
低产品卷入度初始模型	57	636.500	268	0.000	2.375	0.925	0.903	0.934	0.941
高产品卷入度初始模型	57	747.452	268	0.000	2.789	0.901	0.893	0.928	0.933
多群组初始模型	114	1 365.728	536	0.000	2.548	0.917	0.903	0.931	0.938

如表 3－14 所示，多群组假设模型的拟合指数达到模型拟合标准，表示假设模型具有群组等同性，此因果模型的假设模型在不同产品卷入度群组中有结构不变性。

第四步：多群组分析的竞争模型。多群组分析中若未受限制模型(即本书的多群组初始模型)可以被接受，则将两组的结构方程回归系数限制为相等(简称受限制模型)，将其与未受限制模型进行差异检验，若两个模型卡方值的差异量达到显著，则认为受限制模型不为真，即认为两个群组的结构方程模型有不同的路径系数。

当样本数量较大时，卡方值的差异量也会较大，很容易达到显著水平（显著值 $p<0.05$），因而还需要参考4个较不受模型复杂度影响的适配度统计量，这4个统计量分别为NFI、IFI、RFI、NNFI（TLI）。如果上述4个统计量的差异的绝对值大于0.05，表示两个群组的结构方程模型有不同的路径系数。表3－15呈现了多群组初始模型和受限制模型的拟合指数。

表3－15 未受限制模型和受限制模型的拟合指数比较

模型	NPAR	CMIN	DF	P	CMIN/DF	NFI	RFI	IFI	NNFI
未受限制模型	114	1 365.728	536	0.000	2.548	0.917	0.903	0.931	0.938
受限制模型	81	1 424.776	569	0.000	2.504	0.913	0.901	0.928	0.937

从表3－15可知，受限制模型增值拟合指数均大于0.90，并且未受限制模型（多群组初级模型）与受限制模型NFI、RFI、IFI、NNFI的差异分别为0.004、－0.002、－0.003、－0.001，绝对值均小于0.05，表示未受限制模型（多群组初始模型）为正确模型时，受限制模型也为正确。即说明产品卷入度的调节效应不显著，从而拒绝假设H10c、H11c、H12c、H13c和H14c。

3.7 研究结论与讨论

3.7.1 结果汇总

通过对原理论模型的修正，以及产品卷入度的调节作用的验证，在线评论采纳的最终模型如图3－9所示。

在图3－9中，评论采纳显著受评论有用性的正向影响，而评论质量中的准确性、综合性、可读性，来源可信度中的专业性和可靠性，以及评论热度，则对评论有用性有显著正向影响，并通过评论有用性的中介作用，最终影响评论采纳。

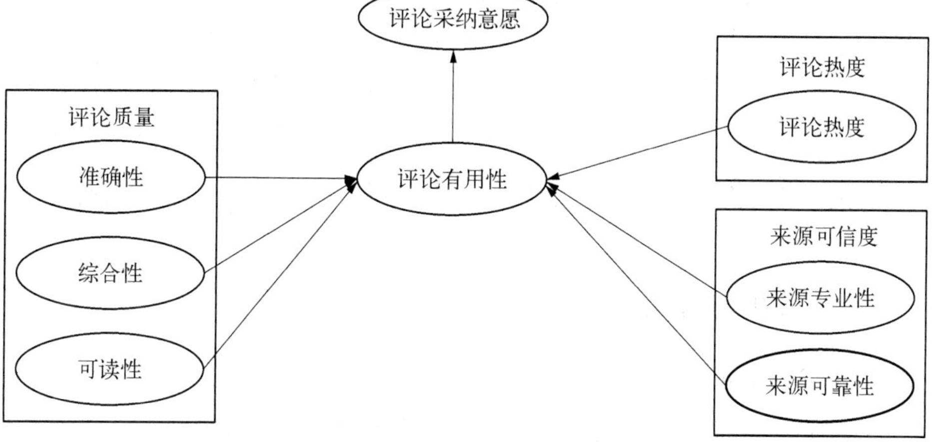

图 3 - 9　在线评论采纳的最终模型

相比原理论模型，相关性→评论有用性、及时性→评论有用性的路径关系予以删除。产品卷入度在相关性→评论有用性、及时性→评论有用性、准确性→评论有用性、综合性→评论有用性、可读性→评论有用性的路径关系中的调节作用予以删除。原理论模型中提出的各项假设检验的结果汇总如表 3 - 16 所示。

表 3 - 16　在线评论采纳模型：假设检验的结果汇总

代码	假设内容	结果
H1c	评论有用性正向影响消费者采纳评论	支持
H2c	评论相关性正向影响评论有用性	不支持
H3c	评论及时性正向影响评论有用性	不支持
H4c	评论准确性正向影响评论有用性	支持
H5c	评论综合性正向影响评论有用性	支持
H6c	评论可读性正向影响评论有用性	支持
H7c	评论热度正向影响评论有用性	支持
H8c	来源专业性正向影响评论有用性	支持
H9c	来源可靠性正向影响评论有用性	支持
H10c	评论接收者产品卷入度越大，评论相关性对评论有用性正向影响越大	不支持
H11c	评论接收者产品卷入度越大，评论及时性对评论有用性正向影响越大	不支持

（续表）

代码	假设内容	结果
H12c	评论接收者产品卷入度越大，评论准确性对评论有用性正向影响越大	不支持
H13c	评论接收者产品卷入度越大，评论综合性对评论有用性正向影响越大	不支持
H14c	评论接收者产品卷入度越大，评论可读性对评论有用性正向影响越大	不支持

3.7.2 分析与讨论

1. 在线评论有用性对评论采纳影响的讨论

本章证明，在线评论的有用性正向影响消费者的评论采纳意愿。这一结论和信息采纳模型相一致，该模型认为个体的信息采纳行为主要是受到个体对信息感知有用性的影响。在线评论中包含了有关产品和服务的想法或意见阐述，消费者会根据个人的观点来判断这些表述是否有用，如果个体认为在线评论的内容对于制定购买决策是有用的，那么消费者将更加积极地采纳在线评论。

2. 在线评论质量对评论有用性影响的讨论

评论质量对评论有用性有着重要的影响。评论质量中对评论有用性影响从大到小依次是综合性、准确性、可读性，而相关性和及时性对评论有用性的影响未得到支持。

评论的综合性主要是指评论的深度和广度。综合性较高的评论，往往披露的细节就越多，而消费者会认为只有对产品或服务有很深的了解之后才会发表很详细的评论，因此他们会选择此类信息作为消费决策的参考标准之一。除此之外，消费者在阅读内容较深、细节较多的评论时，需要他们使用更多的时间对其真假进行推断，这个过程则能够延长决策时间，让他们变得更加理智，从而不会冲动购物。准确性则反映了在线评论内容的正确性，不夸大或贬低。准确性高的评论往往语言比较精准，甚至可能会采用数字来进行描述。消费者可以从准确性好的评论中更为确切地了解到产品或服务的好坏程度，避免因个人标准不同，而产生理解上的偏差。可读性反映的是文本阅读和理解的难易程度，评论的可读性越高，消费者阅读起来越顺畅，花费的精力和时间也越少。特别近些年,在线评论数量成倍的增长,信息过载成了亟待解决的问题。当面对海量的在线评论时,无疑可读性高的评论更受到消费者的青睐。

在本章的实证研究中,相关性对评论有用性的影响未得到支持,并且在先前的扎根理论研究中,也未提取到相关性这一概念,这和很多现有的研究结论不符[29][122]。归其原因,相关性是消费者选择阅读评论的基本条件,这一点是不言而喻的。其次,消费者并不会对不相关的评论有太多印象,导致在本次实证调查中,大部分被试都是以相关性较高的评论为参考对象,不相关的评论被自然地排除在外,最终使得本次实证研究在评论相关性上已无异质性。另外,在本次实证研究中,及时性对评论有用性的影响也不显著,及时性指的是评论是否为及时更新的,Madu C. N.和 Madu A. A.认为,如果一个网站的信息无法及时更新的话,是不会给用户带来多大价值的,也不会对用户具有吸引力[124]。而事实上,大部分产品的质量并不会随时间的变化而改变,除非产品在这期间进行了更新换代。因此,消费者会认为不同时期的评论只要是真实可靠的,其参考价值并不会因此而不同。另一个可能的原因是,由于评论数量的急剧增加,相差几页展示的评论,往往在发表时间上却只相差 1 天,导致本实证研究中的评论在及时性上没有差异性。

3. 在线评论热度对评论有用性影响的讨论

评论热度指的是评论接收者感知到的该评论被关注的程度,其包括讨论的活跃程度和被阅读的次数等。因此,评论热度在某种程度上反映了社会网络中个体之间的互动关系。而已有研究指出,在线评论信息发送者与信息接收者之间的强关系对在线评论的采纳有促进作用。同时,评论热度对评论有用性的影响也是参照群体影响中规范性影响作用的结果,其他评论者参与讨论或关注该评论多时,使得消费者在感知中会受到规范性影响,产生认同心理,提高在线评论的有用性。

4. 在线评论来源可信度对评论有用性影响的讨论

评论来源可信度有两个维度,分别是来源专业性和来源可靠性,它们都显著影响着消费者对在线评论的有用性感知。消费者在浏览在线评论时,除了受到在线评论的信息内容本身影响外,还受到了由在线评论平台提供的信息来源可信度的影响。

双系统信息加工理论认为，人们在进行信息加工过程中受限于认知成本等因素，尤其是在互联网时代进行信息搜寻时，海量信息使得消费者在进行信息加工时会采用启发式信息加工方式。现如今，消费者不仅可以从评论的字里行间去感受评论发布者的专业性和可靠性，还可以从在线评论系统所提供的评论发布者的等级排名、历史评论深度和历史评论有用性投票等信息来对评论信息的来源可信度进行甄别。

5. 产品卷入度的调节作用

研究结果显示，产品卷入度在评论质量和评论有用性之间的调节作用并不显著。该结论与精细加工可能性模型不符，归其原因，可能是研究的实验环境造成的。尽管本书通过聚类分析划分出高产品卷入度样本和低产品卷入度样本，但由于本研究是通过实验来收集数据的，所以被试大多本着对实验认真负责的态度，较之以往更为仔细阅读了评论内容，而未能真实展现自己平时一贯的评论采纳行为，使得评论质量在产品卷入度低的人群中受到过多关注。最终，导致评论质量的影响力在不同类样本中并无异质性。

3.8 本章小结

本章利用扎根理论的质性研究方法分析，结合理论和文献分析，探寻在线评论采纳的影响因子，构建了在线评论采纳的影响模型，利用结构方法模型，对理论模型进行验证。最后，还通过结构方法中的多群组分析方法，对产品卷入度的调节作用进行了验证。

结果显示，评论的有用性是影响评论采纳最为重要的因素。评论质量、评论热度和评论来源可信度则通过影响评论有用性的中介作用间接影响评论采纳。评论质量维度中只有综合性、准确性和可读性对评论有用性的影响得到了证实。而产品卷入度在评论质量和评论有用性之间的调节作用并未得到支持。

第 4 章

在线评论发表与采纳对购买意愿的影响研究

评论被消费者采纳后,再经过消费者深层次的分析,便会对消费者购买意愿产生影响,而购买意愿是指消费者在了解某种产品属性和相关其他因素后,内心产生的一种购买可能性[152]。消费者的购买意愿直接决定了产品的销售业绩。因此,在整个评论的生命周期中,在线评论对购买意愿的影响是商家最为重视的一个环节。近年来,评论中各种因素与购买意愿的关系受到学术界和商界的广泛关注。大量研究直接研究评论和产品销量的关系,但结果并不统一。原因在于影响产品销量的因素过多,如价格、时间、竞争对手等,难以有效地对所有因素进行控制。另外,学者们在评论的内生性上有较大分歧,部分学者认为,产品销量决定了评论数量的多少,理由是产品销量越高,意味着越多的人接触过产品,尤其是大部分在线评论系统只允许已消费者发表评论[153]。为此,本章将采用实验方法,模仿真实的评论页面,并独立提供产品数量和产品销量数据,来克服以上困难。另外,一个产品的评论少则成百上千、多则上万。消费者面对的不是单个一条评论,而是一组评论,也不可能阅读所有评论,以及评论的汇总信息如评论数量、好评率等。为了更能够接近现实和反映现实状况,本章在实验阶段中模仿这一情景,进而通过多元回归分析,探寻在线评论对购买意愿的影响因素。

4.1 研究模型与假设

4.1.1 在线评论发表

评论发表意愿越强烈,消费者个人发表在线评论的可能性越大,当以整体消费者的视角来看,将会有更多的人愿意发表在线评论,从而导致在线评论数量的增多。因此,评论数量是整体消费者评论发表意愿的直接体现,为此本章用评论数量作为评论发表意愿的代理变量。

评论数量的增加意味着产品信息量披露得更多,也就意味着可以更大程度上地消除消费者网络购物的风险感知，从而提高购买意愿[39]。同时，评论数量反映了产品知名度的整体情况，评论数量之所以产生影响，最为普遍的解释是因为其反映了网络口碑的知晓效应：评论数量越多，说明越多的消费者参与到对一个产品的评价讨论中，反映了消费者对该产品讨论的热度。而 Chatterjee 的研究指出，消费者在阅读大量在线评论后，其对网络购物的不安情绪会显著降低，因为消费者会潜意识地被暗示许多其他消费者也购买了同样产品[154]。这一结论也和纯粹接触效应相符，即某一外在刺激，仅仅因为呈现的次数越频繁，个体对该刺激将越喜欢[155]。甚至有研究证明，不管评论的情感极性如何，评论数量的增加都能一定程度上带来产品销量上的提升，也就是说评论的知晓效应要远远大于评论的诱导效应[67][69]。

而从众行为理论也指出，个体消费者在进行购买决策时，常常忽略个人信息而采取大部分人的行为或意见，表现出与其他人一致的反应或消费者行为。例如当消费者想购买一款手机，而自己事先没有品牌倾向和特定产品倾向时，他会查看大家都在使用和讨论哪款手机，对于讨论较多的产品，消费者具有更强烈的购买倾向。

另外，在现实的网络购物中，评论数量也反映了产品的已有销量，对于大部分网上购买的产品或服务来说，只有发生购买行为后才能进行评价。因此，评论数量越多，代表了越多的人购买了产品，所以评论数量在现实网络购物中很大程度是产品销量的替代数据。因此，本书提出假设——

H1d：评论数量正向影响购买意愿。

4.1.2　在线评论采纳

评论的采纳度是指评论被消费者所采纳的可能性，显然相比于普通评论，高采纳度评论对消费者购买意愿有更大的影响。

网络购物中，信息不对称是消费者普遍面临的客观现实，消费者往往对产品的质量和其他特征信息掌握得不及时、不完整，所以会增加其对购买产品的风险感知，为降低信息不对称的情况，在线评论孕育而生。然而随着在线评论的飞速发展，人们生产和消费信息的能力不断加强，信息过载却成为现实中更为明显的问题，尤其是评论操纵行为的日益猖獗，消费者不再随意采纳所有评论，也不再单纯地依赖评论的汇总统计信息，在线评论的内容越来越受到消费者的重视[156]。

根据第3章的研究结果，高采纳度评论往往拥有较高质量、较高可信度和较高人气，其中评论质量又是最为重要的因素。而本章将通过实验对评论热度和评论来源等变量进行控制，此时评论质量便成了反映消费者对评论采纳意愿的唯一因素，即高质量评论代表的正是高采纳度的评论。毋庸置疑的是，容易被采纳的评论对消费者的购买意愿会产生更大的影响，与此同时，这些评论中所表达的情感极性对消费者购买意愿的诱导效应也更为强烈。

为此，本书用高质量正面评论数量来指代高采纳度评论对消费者购买意愿的正面诱导效应；用高质量负面评论数量来指代高采纳度评论对消费者购买意愿的负面诱导效应，并提出假设——

H2d：高质量正面评论数量正向影响购买意愿。

H3d：高质量负面评论数量负向影响购买意愿。

4.1.3 评论情感极性

诱导效应是在线评论对消费者购买意愿影响的重要方式，在线评论可以通过改变消费者对产品的预期价值而改变消费者购买行为，即正面的意见鼓励消费者购买此产品，而负面的意见则阻碍消费者购买。现有的在线评论系统都提供用户在发表口碑评价的同时对产品或服务进行打分评价，并公开汇总平均后的数值或整体评论的好评率，这些统计数值被称为评论效价，其反映了整体评论的情感极性。Duan 等(2009)发现，22%的消费者在查看 CNET 网站上的产品信息时都会按照评分来排序，说明评论的整体情感极性是消费者进行购买决策的重要依据[157]。

Clemons 等(2006)则通过研究啤酒公司的在线评论，发现其评论效价与销量呈正相关的关系，商家可以利用在线评论来预测啤酒的销量[158]。Cui 等(2012)经过9个月来对亚马逊网站332件新产品的面板数据分析，发现评论的效价对于搜索型产品(即那些不怎么需要客户体验的产品)有着很强的影响力[68]。

评论的情感极性,是指评论者在产品评论中表达的褒贬态度,分为正面情感(即肯定的态度)和负面情感(即否定的态度)两类[159][160]。情感极性在消费者收到产品后便已经产生,通过发表行为,最后反映在评论内容中或评论效价中。而在本章的实验环节中,我们将在实验的评论网页上提供好评率(即所有评论中正面评论的百分比)来反映整体评论的情感极性。因此,本书提出假设——

H4d: 评论好评率正向影响购买意愿。

4.1.4　产品销量

营销学专家 Wilkie(1994)首次将从众行为引入营销领域,认为消费者有时为了符合群体的期望或者得到群体的认同,会采取与群体相同的行为或态度。也就是说,消费者在做购买决策时,常常倾向于跟风,在同等情况下,消费者会选择购买者更多的产品[161]。这一现象在电影行业中尤为明显,大量研究证实过往的电影票房收入和当下的电影票房收入正相关,并指出电影票房收入对消费者选择意愿有显著的影响,大部分观影者愿意选择票房收入高以及讨论热度高的电影[69][162]。因此,本书提出假设——

H5d: 产品销量正向影响购买意愿。

根据以上假设,得出在线评论对购买意愿影响的模型图,如图 4－1 所示。

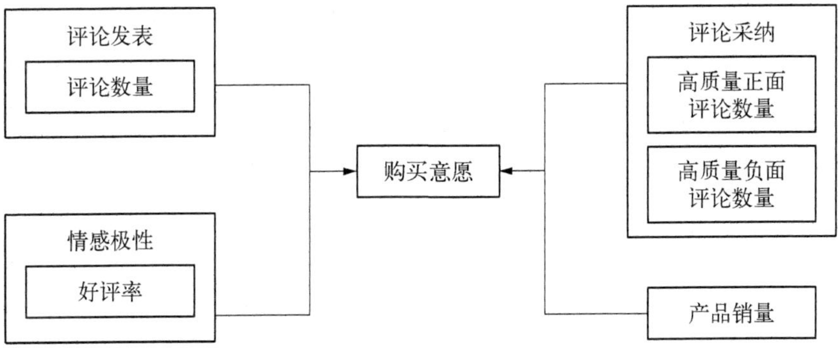

图 4－1　购买意愿模型图

4.1.5 模型构建

为了验证以上假设，本书建立了以下回归模型如式(4－1)所示

$$\ln(int_t) = \beta_0 + \beta_1 \ln(sales_t) + \beta_2 \ln(num_t) + \beta_3 \ln(rate_t) + \beta_4 \ln(pos_t) + \beta_5 \ln(neg_t) + u_t \tag{4-1}$$

表4－1为变量的解释说明。借鉴Liu[67]、龚诗阳等[163]的处理方法，本研究对所有变量均取自然对数。这种变换有3个好处：① 符合多阶段消费者购买决策过程的理论模型；② 尽可能将潜在的非线性关系变为线性关系，使得回归模型的结果更加稳健；③ 因为数据的对数化压缩了变量的量纲，控制了潜在离群值的影响。

表4－1　变量的解释说明

变量	解释说明
int_t	购买意愿
$sales_t$	产品月销量
num_t	评论数量
$rate_t$	评论的好评率
$rate_t \times 100$	每100评论中正面评论的数量
pos_t	高质量正面评论数量
neg_t	高质量负面评论数量

由于在实验中高质量正面评论数量和高质量负面评论数量有可能会出现零值的情况，而零值的对数形式是没有意义的。因此，本书对高质量正面评论数量和高质量负面评论数量都提前加上数值1。另外，好评率的数值范围为(0,1]，取对数将为负值，不符合模型的经济意义，为此我们将好评率乘以100后再取对数形式，即用每100个评论中正面评论的个数来代替好评率。最终模型如式(4－2)所示

$$\ln(int_t) = \beta_0 + \beta_1 \ln(sales_t) + \beta_2 \ln(num_t) + \beta_3 \ln(rate_t \times 100) + \beta_4 \ln(pos_t + 1) + \beta_5 \ln(neg_t + 1) + u_t \tag{4-2}$$

同时为了分析不同情感极性下模型的差异，本书还将根据好评率的不同，分成两个情景来对模型进行验证。

4.2 实验设计

4.2.1 产品对象

实验中仍然采用智能手机这一体验型产品作为实验产品，智能手机已经不仅仅是单纯通信设备，更加是人们工作生活中必不可少的帮助工具。而作为高科技的电子产品，智能手机的更新换代周期非常快，不少消费者每年更换一部手机。普通消费者不可能持续地掌握智能手机产品的功能和质量，而智能手机的价格比较昂贵，且和消费者的生活工作日益紧密，因此人们在购买智能手机时会更加谨慎。尤其是大学生在购买手机之前都会先上网搜寻相关的产品信息，特别是网上消费者的在线评论，以此来帮助其做出购买决策。所以本书中选取智能手机作为研究的产品对象，有一定的学术和现实意义。

4.2.2 实验对象

本书选取在校大学生作为实验对象，因为在校大学生是中国网络用户的主力军，经常在线进行信息搜索和购物，对于网络口碑的接触机会比较大，范围比较广。根据 CNNIC《2014 年中国网络购物市场研究报告》显示，网络购物在年轻人当中比例更高，有超过 60%的 18～30 岁的青年人经常网络购物，在这个庞大的网购群体中，在校大学生超过 30%，网络购物在大学生中的普及率超过 80%。虽然随着互联网技术的不断普及，网络购物的渗透速度在不断地加快，但是学生群体在很长时间内仍然是网络购物的主力，具有非常强的代表性。而且现在智能手机在大学生群体中普及率很高，大学生已经是智能手机的主力用户群。与此同时，大学生在人口统计学上具有较高的同质性，作为实验对象具有较高的可控性，可以过滤掉人口统计变量对结果的影响。同时考虑到整个实验的成本、个人能力等因素，本书选择井冈山大学的在校本科生和研究生作为研究对象。综合以上因素，本书选取在校大学生作为研究样本在学术上和现实上都具有一定意义。

4.2.3 变量控制

1. 评论质量

实验在设定低质量评论时，以第 3 章的研究结果为基础，选取评论内容较为主观、关注度较低、未获得有用投票的真实评论，且字数控制在 20 字以内，如“看起来很好，质量应该没问题”。

而在选取高质量评论时，以高准确性、高综合性和高可读性为标准，根据第 4 章的研究结果可知，在控制了评论热度、评论来源可信度因素后，评论质量是反映消费者对评论采纳意愿最重要的因素。因此，在本实验环境中，高质量评论代表的正是高采纳度的评论。

在具体设定高质量评论过程中，首先选取有用性投票较高且情感极性一致的真实评论作为参考，避免评论中同时出现正面情感极性和负面情感极性。其次对其涉及价格、品牌等相关内容进行删除，并对文字错误进行修改。以下为实验中使用的一条高质量正面评论：

“忐忑地买了一部，结果意外地惊喜，确实不错。① 反应、手感、重量都到位了，像素也挺高，换上 4G 卡，上网很快，几乎没有卡顿；② 手机拍照效果很好，试了下，感觉不比 iphone 6 差；③ 电池还行，今天新机到了 20%的电量，从中午 2 点一直玩到 12 点才没电；④ 存储内存也够用，而且支持扩展卡，对稍微懂得运用系统设置优化手机的人来说，配合一张内存卡完全没问题；⑤ 最后也没见特别烫什么的，设计风格很简洁，充电线也是扁线，很特别，预装了很多最常用的软件。真心不错，希望我说的能给广大群众起到作用。”

最后，实验邀请了 10 名男性被试和 10 名女性被试在仔细阅读这些评论后，对所选高质量评论的质量用李克特 7 级量表进行评价，1 分代表最低、7 分代表最高，通过统计检验来最终确定高质量评论。以上文中的那条高质量评论为例，结果显示，该评论的平均得分为 5.4，而上文中定义为低质量评论的例子得分为 2.6($t = 11.452$, $p < 0.000$)，说明这两条评论的质量之间存在显著差异，符合实验的要求。本实验共设定了 10 个高质量评论，其中 5 个正面评论、5 个负面评论。高质量评论的具体内容见附录 D。

2. 其他因素

为避免被试受其他因素影响，所有评论页面均未提供产品品牌、图片和价格，并且告诉被试所有评论中描述的产品，其价格都是相同的，且各项属性指标都相同，如内存、屏幕大小等。同时，为控制消费者对评论来源可信度的感知，在每次调查前，我们都会告知被试，所有评论都来自真实的消费者，消费者都是诚实的，且有能力提供正确的信息。

4.2.4　实验材料

1. 基准评论页面

在本研究的实验中引入了基准评论页面，即所有被试的参考评论页面。具体来说，首先要求被试先阅读基准评论页面，再阅读随机发放的评论页面，最后根据基准评论页面和随机评论页面的比较，填写关于购买意愿的调查问卷，以此来尽可能地消除被试个体差异的干扰。在基准评论页面中共有 20 条评论，无高质量评论。评论好评率为 60%，即正面评论 12 条、负面评论 8 条，产品月销量为 100 个。图 4－2 为基准评论页面部分截图，完整的基准评论页面见附录 E。

2. 随机评论页面

在本实验中提供了大量的不同评论页面。每个评论页面被随机安排了不同的评论数量(5～50 个不等)、产品销量(1～200 个不等)、正面评论、负面评论、高质量正面评论数量(0～5 个不等)、高质量负面评论数量(0～5 个不等)。随后，将这些评论页

本月销量：	100		
好评率：	60%	评论数量：	20

评价内容	满意度	评论者
手机还可以，非常好用。。。 2015-08-01 11:10	★★★★☆	3***3
手机用起来很顺手，物流也很给力 2015-08-02 12:49	★★★★☆	P***1
非常不错的手机 用了快一个月了 2015-08-02 12:49	★★★★☆	吴***c

图 4－2　基准评论页面部分截图

面随机地分配给被试，并要求其仔细阅读。图 4－3 为某随机评论页面部分截图，完整的随机评论页面例子见附录 F。

4.2.5　实验步骤

第一步：宣读实验注意事项。向被试宣读实验的相关注意事项并对被试的参与表示感谢。

第二步：描述实验情景。实验情景为您准备在网上选购一个智能手机，您正在浏览一个购物网站，其间您对某两款智能手机产生了兴趣，因而您进入了这两个产品的评论信息页面，并开始浏览该产品的评论信息。

第三步：要求被试阅读产品评论。实验员将事先准备好的基准评论页面和随机评论页面发放给被试，并要求其仔细阅读，阅读时间至少 5 分钟。

本月销量：	38		
好评率：	86%	评论数量：	7

评价内容	满意度	评论者
用了半个月了 目前没什么问题。 2015-08-07 13:10	★★★★☆	3***3
不错 外观好看 性价比高！！！！！ 2015-08-07 13:19	★★★★★	J***1
忐忑的买了一部 结果意外的惊喜 确实不错 1. 反应 手感 重量 都到位了 像素也挺高 换上4G卡上网很快 几乎没有卡顿 2. 手机拍照效果很好，试了下，感觉不比iphone6差 3. 电池还行 今天新机到了20%的电量从中午2点一直玩到12点才没电 4. 存储内存也够用，而且支持扩展卡。稍微懂得运用系统设置优化手机的人来说，配合一张内存卡完全没问题。5. 最后也没见特别烫什么的 设计风格很简洁，充电线也是扁线很特别，预装了很多最常用的软件。真心不错 希望我说的能给广大群众起到作用 。 2015-08-07 13:43	★★★★★	赫***骁

图 4－3　某随机评论页面部分截图

第四步：要求被试完成测度题项。要求被试将随机发放的评论页面和基准评论页面进行比较，并以基准评论页面的产品为参考，回答随后的与网络购买意愿有关的题项，以及填写个人的基本信息。题项如下：

“请问您对该产品的购买意愿是什么呢？1——远小于参考产品；2——小于参考产品；3——略微小于参考产品；4——和参考产品一样；5——略微大于参考产品；6——大于参考产品；7——远大于参考产品。”

第五步：回收实验材料并对被试表示感谢，宣布实验结束。将被试填写完的测度题项进行逐一回收和整理，对被试再次表示感谢。

4.3 数 据 收 集

我们共邀请了 120 名在最近一个月内至少有一次以上网络购物经历的被试参加实验，最终，我们获得了 106 个有效样本数据。参加实验的男女比例比较均匀，男性人数(57 人)稍高于女性人数(49 人)。年龄在 18～24 岁的占 75%，其次年龄在 25～29 岁的占 16%。在受教育程度方面，本科人数(82 人)最多，占 77.4%；其次为硕士人数(21 人)，占 19.8%，由此可见，受访者主要来自文化程度较高的青年。样本的统计描述如表 4－2 所示。

表 4－2　样本的统计描述

变量	样本数	均值	标准差	最小值	最大值
产品销量	106	86.09	57.79	1	200
评论数量	106	26.73	15.00	5	50
好评率	106	62.73%	20.85%	10%	100%
高质量正面评论数量	106	2.34	1.66	0	5
高质量负面评论数量	106	1.50	1.35	0	5
购买意愿	106	3.31	1.96	1	7

4.4 参数估计与模型检验

为了验证模型，本书运用最小二乘法 OLS 估计方法对模型(4－2)中的参数进行估计，分析结果如回归方程式(4－3)所示(其中* 表示 $p<0.05$、** 表示 $p<0.01$、*** 表示 $p<0.001$)。

$$\ln(int_t) = -4.035 + 0.150\ln(sales_t) + 0.049\ln(num_t) + 1.067\ln(rate_t \times 100)$$
$$(3.592^{***}) \qquad (0.753) \qquad (11.008^{***})$$
$$+ 0.238\ln(pos_t + 1) - 0.426\ln(neg_t + 1) \tag{4-3}$$
$$(3.432^{***}) \qquad (-6.207^{***})$$
$$R^2 = 0.718 \qquad F = 51.105 \qquad D.W. = 1.341$$

多元线性回归模型的参数估计出来后，需要进一步对模型进行统计检验。① 模型拟合优度检验：模型拟合优度一般用可决系数 R^2 检验来衡量，R^2 的大小可以衡量解释变量对因变量变动的联合解释比例。可决系数 R^2 越大，越趋近 1，模型拟合度越大。回归方程式(4-3)的可决系数为 0.718，表明模型在整体上可以接受，但并不是非常好，模型回归效果还需改进。② 回归方程式的显著性检验(F 检验)：F 检验的目的是从总体上对模型中被解释变量与解释变量之间的线性关系是否显著成立而进行的一种统计检验。本回归方程式的 F 值为 51.105，给定置信度 $\alpha = 0.05$，查 F 分布表，得临界值为 2.30，因此通过 F 检验，回归方程式存在线性回归关系。③ 解释变量的显著性检验：该检验是检验模型的解释变量是否对被解释变量有显著影响的一种统计检验，给定置信度 $\alpha = 0.05$，在自由度为 $n - 5 - 1 = 100$ 下，得临界值为 1.98，将(4-3)式中 t 统计量与临界值 1.98 进行比较，得到变量 $\ln(sale_t)$、$\ln(rate_t \times 100)$、$\ln(pos_t + 1)$、$\ln(neg_t + 1)$都对 $\ln(int_t)$的影响显著，参数的正负性也符合经济理论。但 $\ln(num_t)$的 t 值为 0.753 小于临界值 1.98，因此 $\ln(num_t)$对 $\ln(int_t)$影响不显著。综合以上因素，还需要对模型进行修正。

4.4.1　多重共线性检验

在多元线性回归模型经典假设中，其重要假定之一是回归模型的解释变量之间不存在线性关系，也就是说，任何一个解释变量都不能是其他解释变量的线性组合。如果违背这一假定，即线性回归模型中存在多重共线性。多重共线性会给普通最小二乘法带来参数估计量不存在、参数估计量经济含义不合理、变量的显著性检验失去意义等严重后果。

由于方程式(4－3)的回归结果显示评论数量对购买意愿的影响不显著，为此我们首先要考虑评论数量和其他解释变量是否存在多重共线性。本章的数据全部来自实验，所有解释变量的数据都是随机产生的，因此很好地避免了多重共线性。并通过观察变量间的相关系数，来进一步排除多重共线性的存在。表 4－3 为相关系数矩阵，从该表中可知，本研究中所有变量两两之间相关系数均在 0.4 以下，而一般情况下大于 0.8 才被认为线性相关，因此不存在多重共线性，从而说明评论数量对购买意愿在理论上可能就没有影响。为此，本章把变量 $\ln(num_t)$ 从模型中剔除，得到回归方程式(4－4)。

表 4－3 相关系数矩阵

变 量	$sales_t$	num_t	$rate_t$	pos_t	neg_t
$sales_t$	1				
num_t	0.260	1			
$rate_t$	0.046	－0.141	1		
pos_t	0.227	0.045	0.309	1	
neg_t	0.118	0.175	－0.062	－0.117	1

$$\ln(int_t) = -3.863 + 0.160\ln(sales_t) + 1.046\ln(rate_t \times 100)$$

$$(4.031^{***}) \qquad\qquad (11.273^{***})$$

$$+ 0.237\ln(pos_t + 1) - 0.418\ln(neg_t + 1) \qquad (4-4)$$

$$(3.429^{***}) \qquad\qquad (-6.180^{***})$$

$$R^2 = 0.717 \qquad F = 64.103 \qquad D.W. = 1.346$$

从回归方程式(4－4)估计的结果可以看出，模型可决系数 R^2 为 0.717。相比回归方程式(4－3)，模型拟合没有改进，但回归方程的显著性和解释变量的显著性检验都得到了明显改善。为了提高可决系数，使拟合优度更好，回归方程式(4－4)还需要更进一步检验和修正。

4.4.2　自相关检验

自相关现象大多出现在时间序列数据中，而截面数据不容易出现自相关，但相邻的观测单位之间可能存在“溢出效应”。由于本研究的数据完全来自实验，如果出现自相关性，很可能是实验过程中收集数据出现差错。为保险起见，本研究仍然进行自相关检验。本研究采用 Durbin-Watson 检验来对回归方程式(4－4)的结果进行自相关检验，$D.W.$检验是根据样本容量和被估计参数个数，在给定的显著性水平下，给出检验用的上、下两个临界值 d_l和 d_u，只有当 $D.W.$取值在(d_u, $4-d_u$)之间，才认为没有自相关。由方程式(4－4)的回归结果可知 $D.W.=1.346$，给定显著性水平 $\alpha=0.05$、$n=106$、$k=4$，得下临界值 $d_l=1.61$、上临界值 $d_u=1.74$。通过简单计算不难发现，$D.W.$值在(d_u, $4-d_u$)之间，因此本章研究数据不存在自相关性。

4.4.3　异方差检验及修正

异方差是指模型违反了经典假设中的同方差性，即对于不同的样本点，随机干扰项的方差不再是常数，而是互不相同。在存在异方差的情况下，如果仍然采用普通最小二乘估计模型参数，会导致参数估计值的非有效性和限制性检验无意义。

1. *异方差检验*

首先，用图示法检验。图 4－4 为好评率和购买意愿的散点图，从该图可发现，当好评率较低时，消费者的购买意愿也很低，很少出现高购买意愿的情况。但好评率较高时，消费者的购买意愿并不一定就很高，也可能很低，整体的变化幅度很大，即购买意愿的方差可能会随着好评率的上升

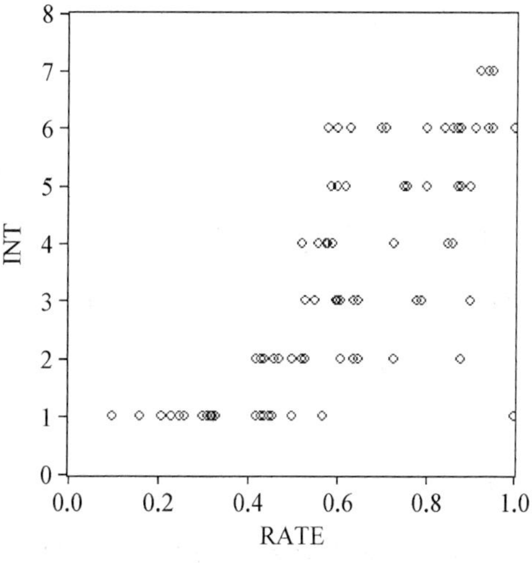

图 4－4　好评率和购买意愿的散点图

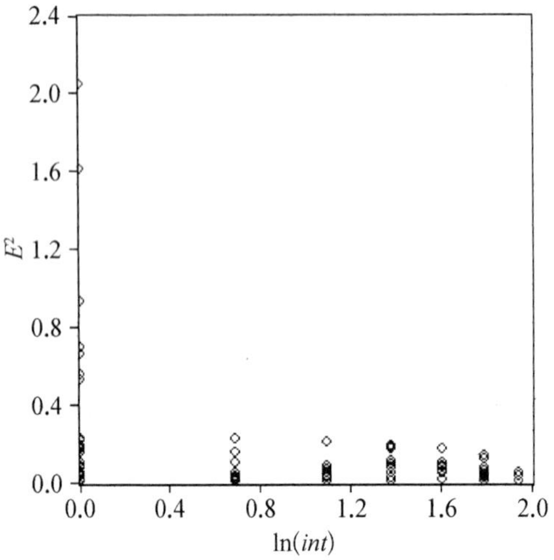

图 4－5　ln(*int*)和残差平方散点图

而增大。

图 4－5 为 ln(*int*)和残差平方散点图,可以看出残差平方项 E^2 对解释变量 ln(*int*)的散点图主要分布于图形中的下三角部分,大致看出残差平方项 E^2 随 ln(*int*)的变动呈减小的趋势,因此模型很可能存在异方差。

通过图示法,我们只能判断模型可能存在异方差,但是否确实存在异方差还应通过更进一步的检验。为此本研究采用怀特检验(White 检验)来对方程式(4－4)的回归结果进行更进一步的异方差检验。Eviews 软件可为回归方程直接输出怀特检验结果,如图 4－6 所示。

Heteroskedasticity Test: White

F-statistic	1.979 351	Prob. F(14,91)	0.028 0
Obs* R-squared	24.743 78	Prob. Chi-Square(14)	0.037 2
Scaled explained SS	49.954 90	Prob. Chi-Square(14)	0.000 0

图 4－6　Eviews 中怀特检验的输出结果

由图 4－6 中的结果得到怀特统计量 $nR^2=24.74$,查 χ^2 分布表得到在 5%的显著性水平下,自由度为 14 的 χ^2 分布的临界值为 23.7。因为 $nR^2=24.74>23.7$,所以拒绝同方差的原假设,模型存在异方差。

2. 异方差修正

为了消除或减弱异方差性对模型的影响,提高估计参数的精度,运用加权最小二乘法的方法来对模型进一步优化。通过测试发现,将残差平方的倒数(即 $1/E^2$)作为加权最小二乘法的权变数量,效果最好。结果如下:

$$\ln(int_t) = -3.756 + 0.156\ln(sales_t) + 1.020\ln(rate_t \times 100)$$
$$(83.561^{***}) \qquad (38.881^{***})$$
$$+ 0.267\ln(pos_t + 1) - 0.428\ln(neg_t + 1) \qquad (4-5)$$
$$(25.034^{***}) \qquad (-44.637^{***})$$
$$R^2 = 0.999 \qquad F = 526\ 722.6 \qquad D.W. = 1.972$$

对所估计的模型再进行怀特检验，其结果如图4－7所示，可发现nR^2对应值的伴随概率值较大，所以接受不存在异方差的原假设，即认为已经消除了模型的异方差性。

Heteroskedasticity Test：White

F-statistic	1.919 120	Prob. F(3,102)	0.131 2
Obs* R-squared	5.663 467	Prob. Chi-Square(3)	0.129 2
Scaled explained SS	10.570 12	Prob. Chi-Square(3)	0.014 3

图4－7　回归方程式(4－5)怀特检验的输出结果

最后，将回归方程式(4－5)和式(4－3)、式(4－4)进行比较发现，模型经过异方差修正后，模型可决系数、回归方程的显著性以及解释变量的显著性检验都得到了显著提高，达到了极佳水平，因此可认为回归方程式(4－5)为最终模型。

4.4.4　分情境下的参数估计

为验证不同好评率下的购买意愿影响机理的差异，本研究以基准评论页面的好评率(即 $rate = 60\%$)为分界线，将实验数据分成两个情境：低好评率情景和高好评率情景。

1. 描述性统计分析

1) 低好评率情景

此情景下样本数据的好评率均小于60%，即 $rate < 60\%$，共有样本51个。低好评率情境下样本的统计描述如表4－4所示。

表 4－4 低好评率样本的统计描述

变量	样本数	均值	标准差	最小值	最大值
产品销量	51	84.94	60.33	1	200
评论数量	51	27.90	11.76	5	50
好评率	51	45.42%	12.54%	10%	59%
高质量正面评论数量	51	1.96	1.72	0	5
高质量负面评论数量	51	1.52	1.27	0	5
购买意愿	51	2.20	1.51	1	6

2）高好评率情境

此情景下样本数据的好评率均大于等于 60%，即 $rate \geqslant 60\%$，共有样本 55 个。高好评率情境下样本的统计描述如表 4－5 所示。

表 4－5 高好评率样本的统计描述

变量	样本数	均值	标准差	最小值	最大值
产品销量	55	87.16	55.86	6	200
评论数量	55	24.27	11.76	5	50
好评率	55	78.76%	14.83%	60%	100%
高质量正面评论数量	55	2.71	1.52	0	5
高质量负面评论数量	55	1.47	1.42	0	5
购买意愿	55	4.34	1.77	1	7

对表 4－4 和表 4－5 进行比较，可以发现在高好评率情境下，购买意愿的均值为 4.34，显著大于低好评率情境下的 2.20。同时高好评率情境下，购买意愿的标准差为 1.77，大于低好评率情境下的 1.51，说明在高好评率情境下，购买意愿的变化幅度更大。

2. 回归分析

从统计描述中我们只能得到粗略的表明现象，更为深入的结论，还需要通过多元回归分析获得。为此本书以回归方程式(4－2)为原始模型，分别对两个情境进行回归分析，回归结果如下：

1）低好评率情景

$$\ln(int_t) = -2.391 + \underset{(1.810)}{0.098\ln(sales_t)} - \underset{(2.059^{*})}{0.235\ln(num_t)} + \underset{(5.941^{***})}{0.944\ln(rate_t \times 100)} + \underset{(1.598)}{0.144\ln(pos_t + 1)} - \underset{(-4.437^{***})}{0.450\ln(neg_t + 1)} \quad (4-6)$$

$$R^2 = 0.678 \qquad F = 18.945 \qquad D.W. = 1.144$$

回归方程式(4－6)为低好评率情境下的原始模型回归结果,对回归结果进行各项统计检验,发现变量 $\ln(sale_t)$和 $\ln(pos_t + 1)$都对 $\ln(int_t)$的影响不显著,在排除了模型存在多重共线性、自相关性以及异方差性后,对模型中不显著参数进行逐步删减,发现当删除 $\ln(pos_t + 1)$后,模型回归结果如方程(4－7)所示。

$$\ln(int_t) = -2.318 + \underset{(2.45^{*})}{0.127\ln(sales_t)} - \underset{(-2.037^{*})}{0.236\ln(num_t)} + \underset{(5.787^{***})}{0.934\ln(rate_t \times 100)} - \underset{(-4.675^{***})}{0.476\ln(neg_t + 1)} \quad (4-7)$$

$$R^2 = 0.659 \qquad F = 22.292 \qquad D.W. = 1.182$$

此时模型可决系数 R^2为 0.657,相比于回归方程式(4－6)模型拟合稍有下降。但回归方程式的显著性和解释变量的显著性检验都得到了明显改善,故认为此模型为低好评率情境下的最终模型。

2）高好评率情境

$$\ln(int_t) = -0.290 + \underset{(3.854)}{0.207\ln(sales_t)} + \underset{(2.059^{**})}{0.182\ln(num_t)} - \underset{(-0.046)}{0.011\ln(rate_t \times 100)} + \underset{(6.272^{***})}{0.556\ln(pos_t + 1)} - \underset{(-4.437^{***})}{0.515\ln(neg_t + 1)} \quad (4-8)$$

$$R^2 = 0.740 \qquad F = 27.963 \qquad D.W. = 1.499$$

回归方程式(4-8)为高好评率情境下的原始模型回归结果,对回归结果进行各项统计检验,发现只有 $\ln(rate_t \times 100)$对 $\ln(int_t)$的影响不显著。对模型进行多重共线性、自相关性以及异方差性检验后,发现模型存在异方差性,于是对模型采用加权最小二乘法进行回归,回归结果显示,在消除了异方差性的情况下,$\ln(rate_t \times 100)$对 $\ln(int_t)$的影响仍然不显著。因此在原始模型中删除 $\ln(rate_t \times 100)$,并采用最小二乘法对其进行回归,回归结果如方程式(4-9)所示,同时方程式(4-9)回归结果的可决系数 R^2仍为 0.740,相比于原模型拟合度没有改变,但回归方程式的显著性和解释变量的显著性检验都得到了明显改善。

$$\begin{aligned}\ln(int_t) = & -0.336 + \underset{(3.898^{**})}{0.207\ln(sales_t)} + \underset{(2.829^{**})}{0.181\ln(num_t)} \\ & + \underset{(6.787^{***})}{0.555\ln(pos_t+1)} - \underset{(-7.432^{***})}{0.515\ln(neg_t+1)} \end{aligned} \tag{4-9}$$

$$R^2 = 0.740 \qquad F = 35.665 \qquad D.W. = 1.501$$

最后对所估计的模型再进行怀特检验,其结果如图 4-8 所示,可发现 nR^2对应值的伴随概率值较大,所以接受不存在异方差的原假设,即认为已经消除了模型的异方差性,说明模型的异方差性主要是由 $\ln(rate_t \times 100)$造成的,某种程度上证明了我们之前的推理,即好评率较高时,消费者的购买意愿既可能较高也可能较低,整体的变化幅度很大。综合以上因素,故认为方程式(4-9)为高好评率情境下的最终模型。

Heteroskedasticity Test: White

F-statistic	1.691 463	Prob. F(14,40)	0.096 6
Obs* R-squared	20.452 53	Prob. Chi-Square(14)	0.116 5
Scaled explained SS	19.768 72	Prob. Chi-Square(14)	0.137 6

图 4-8 回归方程式(4-9)怀特检验的输出结果

4.5 研究结果与讨论

4.5.1 结果汇总

通过以上分析可知,回归方程式(4－5)为在不区分好评率情境下的最终模型,以下简称为整体模型;回归方程式(4－7)为低好评率情境下的最终模型,以下简称为低好评率模型;回归方程式(4－9)为高好评率情境下的最终模型,以下简称为高好评率模型。表 4－6 对三个最终模型的参数估计结果进行了汇总,表 4－7 则对这三个模型所对应的理论假设结果进行了汇总。

表 4－6　参数估计结果汇总

变量	整体模型	低好评率模型	高好评率模型
	10%≤好评率≤100%	10%<好评率<60%	60%≤好评率<100%
$\ln(sales_t)$	0.156(83.561***)	0.127(2.45*)	0.207(3.898**)
$\ln(num_t)$	—	－0.236(2.037*)	0.181(2.829**)
$\ln(rate_t \times 100)$	1.020(38.881***)	0.934(5.787***)	—
$\ln(pos_t+1)$	0.267(25.034***)	—	0.555(6.787***)
$\ln(neg_t+1)$	－0.428(－44.637***)	－0.476(－4.675***)	－0.515(－7.432***)
R^2	0.999	0.659	0.740
F	526 722.6	22.292	35.665
$D.W.$	1.972	1.182	1.501

注: *表示 $p<0.05$、**表示 $p<0.01$、***表示 $p<0.001$,—表示变量未纳入模型中。

表 4－7　假设检验结果汇总

代码	假设内容	整体模型	低好评率模型	高好评率模型
H1d	评论数量正向影响购买意愿	不支持	支持负向影响	支持正向影响
H2d	高质量正面评论数量正向影响购买意愿	支持	不支持	支持

(续表)

代码	假设内容	整体模型	低好评率模型	高好评率模型
H3d	高质量负面评论数量负向影响购买意愿	支持	支持	支持
H4d	好评率正向影响购买意愿	支持	支持	不支持
H5d	产品销量正向影响购买意愿	支持	支持	支持

从表 4 - 6 和表 4 - 7 可知,在整体模型中,即不限定好评率的范围时,对消费者购买意愿的影响从大到小依次为:好评率 ($\beta = 1.020$, $p < 0.001$)、高质量负面评论数量($\beta = -0.428$, $p < 0.001$)、高质量正面评论数量 ($\beta = 0.267$, $p < 0.001$)、产品销量 ($\beta = 0.156$, $p < 0.001$)。评论数量对消费者购买意愿没有显著影响。因此在整体模型中,H2d、H3d、H4d、H5d 均得到支持,而 H1d 未得到验证。

在低好评率模型中,即好评率小于 60%时,对消费者购买意愿的影响从大到小依次为:好评率 ($\beta = 0.934$, $p < 0.001$)、高质量负面评论数量 ($\beta = -0.476$, $p < 0.001$)、评论数量 ($\beta = -0.236$, $p < 0.05$)、产品销量 ($\beta = 0.127$, $p < 0.001$)。其中高质量负面评论数量虽然对购买意愿的影响显著,但参数系数却为负,这和假设 H2d 正好相反,高质量正面评论数量对消费者购买意愿没有显著影响。因此在低好评率模型中,H3d、H4d、H5d 均得到支持,H2d 未得到支持。而 H1d 不仅未得到支持,其反面假设即评论数量与购买意愿负相关却得到支持。

而在高好评率模型中,即好评率大于等于 60%时,对消费者购买意愿的影响从大到小依次为:高质量正面评论数量 ($\beta = 0.555$, $p < 0.001$)、高质量负面评论数量 ($\beta = -0.515$, $p < 0.001$)、产品销量 ($\beta = 0.207$, $p < 0.01$)、评论数量 ($\beta = 1.81$, $p < 0.01$)。好评率对消费者购买意愿没有显著影响。因此在高好评率模型中,H1d、H2d、H3d、H5d 得到支持,而 H4d 未得到验证。

4.5.2 模型比较

1. 产品销量

产品销量对消费者购买意愿的影响在三个模型中均得到了证明,尤其是在高好评率模型中，产品销量对购买意愿的影响力度最大；其次是在整体模型中；最后是在低好评率模型中。该结果说明，无论在什么情况下，消费者都会关注产品销售热度。高销量的产品，总是会受到消费者的青睐，并且触发消费者的从众行为。

2. 情感极性

本书用好评率作为整体评论的情感极性的替代，而好评率对消费者购买意愿的影响，在整体模型和低好评率模型中都得到了支持，但在高好评率模型中却没有得到验证。可能的原因是好评率由于其获取方便，是消费者判断产品好坏的首要指标，当好评率达到消费者心理接受水平后，消费者才会对产品产生初步认可，此后消费者转而更为关注评论的具体内容，他们需要从评论内容中挖掘更多的产品信息来做出最终的购买决策，此时好评率的作用将大大降低。

3. 评论采纳

在本章中，由于控制了评论热度、评论来源等因素，评论质量于是成了被试用来判断是否采纳该评论的唯一依据。

(1) 高质量正面评论数量。在高好评率模型中，高质量正面评论数量对购买意愿的影响力度最大；其次是在整体模型中；而在低好评率模型中，这一影响并不显著。该结果说明，当好评率较低时，少量的高质量正面评论并不被消费者所重视，很难让消费者对产品产生改观。归其原因，当大部分舆论对产品评价不高时，消费者就已经失去对产品的信心。通俗地说，在低好评率情景下，消费者并不是在思考是否购买该产品，而是好奇该产品有多差。而当好评率较高时，消费者往往更多地是考虑是否购买，消费者不再单纯地看官方提供的统计数值，而是会更多地关注评论的文字内容，此时高质量的评论，将受到阅读者的青睐，因此高质量正面评论数量对消费者购买意愿的正向影响也随之得到加强。

(2) 高质量负面评论数量。高质量负面评论数量对消费者购买意愿的影响在三个模型中均得到了证明，并且都有较大影响，尤其是在高好评率模型中。因为当好评率较高时，说明大部分已购买者对产品的认可，消费者会因此而对产品也产生好感，但由于虚假评论日益猖獗，消费者不会为此就草率地做出购买决策，他还需要获取更多的产品信息。此时高质量评论便会被消费者所关注,而在高好评率的环境中,消费者往往认为负面评论的信息更加有价值,从而导致高质量负面评论数量对消费者购买意愿的负向影响得到加强。

4. 评论发表

评论数量是评论发表意愿最为直接的体现。在三个模型中,评论数量对购买意愿的影响的分析结果都完全不一样。

首先在低好评率模型中,评论数量负向影响购买意愿。归其原因可能是,根据本章实验中的设定,在低好评率的背景下,评论数量越多也就意味着越多的负面评论会展示在消费者眼前,从而降低消费者的购买意愿。虽然正面评论数量也增多了,但在此情景下,消费者更多是关注负面评论。因为根据上文分析,在低好评率的情景下,高质量正面评论数量对消费者的购买意愿没有显著影响,更何况普通正面评论数量,而高质量负面评论数量在此情景中对消费者购买意愿有较大的负向影响。

其次,在高好评率模型中,评论数量正向影响购买意愿。大部分研究对这一现象有三种解释。① 第一种解释,现实中评论数量往往反映了产品的已有销量,对于大部分网上购买的产品或服务来说,只有发生购买行为之后才能进行评价。因此,评论数量越多,代表了越多的人购买了产品,最终触发消费者的从众心理,提高了购买意愿。显然第一种解释在本研究中不成立,因为本研究实验中的评论数量是随机产生的,和评论数量没有相关关系,另外实验中提供独立的产品销量数据,消费者不需要用评论数量作为产品历史销量的替代。② 第二种解释在线评论知晓效应的结果,即评论数量越多,说明越多的消费者参与到对一个产品的评价讨论中,反映了消费者对该产品讨论的热度。无论是出于好奇还是从众心理,对于讨论较多的产品,消费者具有更强烈的购买倾向。③ 第三种解释,评论数量的增加意味着产品信息量披露得更多,也就意味着可以更大程度上地消除消费者网络购物的风险感知,从而提高购买意愿。因此,在高好评率情境下,评论数量主要是通过其知晓效应和信息披露对购买意愿产生正向影响。

最后,在整体模型中,评论数量对购买意愿的影响没有得到支持。很显然,这是由于在高好评率和低好评率两个情景下，评论数量对购买意愿的影响截然相反，相互抵消，导致整体模型中评论数量对购买意愿的影响不显著。

综合以上分析，造成模型差异的原因是：当消费者通过阅读在线评论来判断产品价值时，他们最先在意的是好评率的高低，因为好评率反映的是市场整体对产品的认可度，只有当好评率达到一定值时，消费者才会对产品产生购买意愿，而一旦购买意愿形成，消费者将会为有可能的购买行为承担更多的风险，为此消费者将更为慎重地做出购买决策，导致消费者在好评率较高时，会更多地关注评论内容。

4.6　本章小结

本章应用了计量经济学的方法，构建了关于在线评论与消费者购买意愿的模型，并利用实验方法，模仿真实的消费者阅读产品在线评论场景，以此来收集数据。为验证不同好评率条件下的购买意愿影响机理的差异，本研究还以好评率 60%为分界，将实验数据分成两个情境进行研究，结果有力地证明了在线评论对购买意愿的影响关系。结果显示：首先，当好评率较低时，在线评论的好评率、产品销量、高质量正面评论数量对消费者的购买意愿有着显著正向影响，而评论数量和高质量负面评论数量对购买意愿有显著负向影响；其次，当好评率较高时，产品销量、评论数量、高质量正面评论数量对消费者的购买意愿有着显著正向影响，好评率却对购买意愿没有显著影响，而高质量负面评论数量对购买意愿有显著负向影响；最后，当数据不再根据好评率进行分组分析时，产品销量、好评率、高质量正面评论数量均对消费者的购买意愿有着显著正向影响，高质量负面评论数量则对购买意愿有显著负向影响，而评论数量对消费者购买意愿的影响不显著。

第 5 章

在线评论对商品定价的影响研究

通过之前的分析，我们对在线评论如何影响消费者购买意愿有了一定的了解。而如何管理在线评论、利用在线评论服务于商家，便成为一个不能忽视的问题。尽管传统商业模式中也一直试图实现根据口碑信息及时修改商品定价，但由于传统口碑以口口相传为主，口碑信息难以及时获取和提炼，导致这一愿望的操作性不强。但现如今在线评论已经成为最主要的口碑形式，并且由于在线评论的可存储和可测度性等特点，实时监控口碑、提炼口碑已经成为电子商务网站普遍的技术手段，使得网络零售商参考口碑信息制定商品价格从而获得更高收益成为可能。

对于网络环境下的商品价格问题，目前已有不少的研究，陈云等(2008)考虑电子商务实施程度这一因素，采用两阶段博弈模型，对双渠道零售商的定价行为进行研究，并分析指出：当电子商务购买商品的消费者临界价值评价大于传统消费者临界价值评价时，通常随着电子商务的不断普及和深化，电子商务零售商和传统零售商的最优定价会不断降低，而且传统零售商为了与电子商务零售商竞争，必须采用两倍于电子商务零售商最优价格降低速度的策略；当电子商务购买商品的消费者临界价值评价小于传统消费者临界价值评价时，且当电子商务实施程度达到一临界值时，随着电子商务的不断普及和深化，电子商务零售商获取的利润将高于传统零售商获取的利润[164]。曹俊浩等(2008)通过建立一个纵向差异的数学模型分析了垄断性质的电子商务企业的最优定价策略。研究表明，在选择最优定价策略时，网络外部性并非一定能够给企业带来更多的利润，这要取决于平台网络外部性的强度以及平台所提供服务的价格质量比[175]。Kauffman 等(2009)分线上渠道和线下渠道不相互影响，以及渠道切换成本和对公司的忠诚度影响消费者向线上渠道转移这两种情况考虑公司的定价策略，结果表明线上渠道需求水平对拥有混合渠道公司的定价策略具有决定性的影响作用[176]。潘伟等(2010)以实体店和网上商店两种销售模式共用渠道来满足顾客需求为背景，把产品的市场需求划分为即期市场需求和远期市场需求，同时加入了订单取消率和订单取消惩罚收入，分析了同时拥有实体店和网上商店的公司的最优订货策略、最优价格调整次数等问题，并给出了不同时期的最优定价策略[177]。Li 等(2010)提出在线评论所反映的产品价值和产品性价比正相关，在此基础上建立两阶段销售模型，分析消费者受到在线评论影响下的最优定价策略，以及消费者福利变化，最终通过实证分析，证明了价格对在线评论的影响[172]。孔庆山等(2012)研究了零售商提供服务的双渠道供应链，分析了零售商在不同的服务成本下提供服务对于供应商和零售商定价策略的影响。研究发现提供服务对于零售商来说，不仅可以扩大利润，还可应对来自电子商务渠道的利润吞噬，通过利润分享从而延缓渠道之间的冲突；只有服务系数小于一个临界值时，提供服务才能使零售商和供应商同时得到帕累托改进[180]。Wang等(2011)以消费者在网络零售渠道和传统零售渠道购物时商品本身、购物过程和购物成本的价值感知不同为基础，建模分析了在线评论对网络零售商品最优定价的影响，并结合算例进行了定量分析。分析结果表明，网络零售商可通过增加在线评论中商品的信息量来提高商品定价而获得更高收益[178]。

虽然上述研究已取得了较为丰富的成果，但仍然带有一定的局限性，主要表现在以下几个方面。① 尽管大量的研究已经证明，在线评论对消费者的购买决策有重要影响，但纵观已有关于网络零售商的定价研究大多从渠道竞争、物流、商品属性等因素进行考虑，把在线评论作为产品定价主要影响因素的研究很少。② 大部分研究把网络零售商品的定价作为静态行为进行研究，未考虑定价策略随市场口碑变化而调整的可能性。本书将把产品销售阶段分成两阶段，商家可根据在线评论信息，在第二阶段对产品进行二次定价。③ 少有的几篇将在线评论引入定价模型的研究，也仅仅考虑了在线评论口碑诱导作用(一般用好评率测度)对定价的影响，而未考虑在线评论提高市场认知这一作用(一般用评论数量测度)对网络零售商品定价的影响。已有大量文献证明，在线评论数量正向影响市场对产品的认知度，并进一步影响潜在消费者规模[15][16]。④ 现有文献大多在研究定价时，把在线评论好评率当作外生变量，而本书认为在线评论好评率是内生变量，其由产品价格和市场公平价格的差价所决定，近年来，此观点得到实证研究的支持[17]。

因此本章将以消费者效用理论为基础、以网络零售两阶段销售为背景，引入在线评论因素，分别将在线评论好评率和在线评论数量作为内生变量和外生变量，最终构建关于在线评论的网络零售商品定价模型。

5.1 基于在线评论的商品定价模型

5.1.1 消费者需求函数

根据消费者效用理论[179]，以及借鉴陈云等(2008)[164]的研究，本书将消费者购买产品的效用定义为

$$U(x,\ q,\ p)=q-p-tx \tag{5-1}$$

其中，p 为产品价格，q 为产品的真实价值，对于所有消费者，q 值相同。实际上，消费者只有在购买使用后才能感知 q 值大小。x 为真实产品和消费者理想产品的距离，x 因人而异，设 x 为[0, 1]区间上的均匀分布，也就是说消费者根据 x 的不同在[0, 1]区间上的均匀分布。当 $x=0$，真实产品和理想产品无差别；当 $x=1$，消费者净效用减去 t，t 为每单位真实产品和消费者理想产品的距离而导致消费者净效用减少的值[16]。消费者效用理论提出，只有 $U>0$ 的消费者才会购买商品，根据公式(5-1)可知，$U>0$ 即 $q-p-tx>0$，因此只有 x 小于$(q-p)/t$ 的消费者才会购买产品。由于 x 为[0, 1]区间上的均匀分布，这表示只有$(q-p)/t$ 比例的消费者会购买产品，假设消费者总规模为 1，此时消费者的需求函数可表示为

$$D=\frac{q-p}{t} \tag{5-2}$$

由于单一的零售商不可能占据所有市场，因此有 $t>q-p$。

5.1.2 基于两阶段的定价模型

本书认为消费者购买行为发生在两个阶段：第一阶段，商家将商品定价为 p_1，消费者自身对产品价值进行估计，并与价格 p_1比较，然后做出购买决策；第二阶段，商家根据第一阶段反馈的销售情况，将商品价格调整为 p_2，消费者则根据第一阶段已购买

该产品的消费者的评论以及新价格 p_2 进行购买决策。为了建模方便，不失一般性的假设，第一阶段的市场容量为 1，第二阶段的市场容量是第一阶段的 N 倍，$N \geqslant 0$，并且两个阶段中产品的生产单位成本均为 c。

第一阶段因为产品全新上市，消费者只能根据商家发布的产品信息，对产品的真实价值进行估计。第一阶段消费者对产品价值的预期为 Q_1，为外生变量，此阶段市场容量为 1。因此，第一阶段的消费者需求 D_1 为

$$D_1 = \frac{Q_1 - p_1}{t} \tag{5-3}$$

第一阶段商家利润 π_1 为

$$\pi_1 = \frac{Q_1 - p_1}{t}(p_1 - c) \tag{5-4}$$

第二阶段网络上已经有大量在线评论，此阶段的消费者不再单纯地受商家发布的产品信息影响，可通过阅读在线评论初步掌握产品的真实价值，但难以避免会受到在线评论的情感极性的影响，从而导致消费者对产品价值的预期仍然和产品真实价值有少量的偏差。影响在线评论情感极性的因素主要有 2 个方面。① 前期的消费者已经掌握产品的真实价值，并与购买前的预期进行比较。若产品的真实价值高于消费者的预期，消费者趋于发表正面评论，阅读者（潜在消费者）通过此评论所感知的产品价值也会有所提高。反之，若产品的真实价值低于消费者的预期，消费者会认为受到产品信息的误导，趋于发表负面评论，阅读者通过此评论所感知的产品价值也会有所降低。② 第一阶段产品的定价水平会直接影响在线评论的情感极性，进一步影响阅读者对产品价值的预期[10]。也就是说，如果产品的价格低于市场公平价格（即消费者通过比较市场上同类竞争产品后，对该产品所感知的合理价格），在线评论所反映的产品价值会较第一阶段呈现出一定比例的提高，否则会出现相应的下降。因此根据以上描述，本书将第二阶段消费者对产品价值的预期用公式表述为

$$Q_2 = q - \beta(Q_1 - q) - \theta(p_1 - p_r) \tag{5-5}$$

其中，Q_2代表第二阶段潜在消费者在阅读商品评论后，对产品价值的预期；p_r表示市场上默认的公平价格；β 用于描述消费者对产品信息真实性的敏感度，设定其范围为 $\beta \in [0, 1]$；θ 用于描述消费者对价格公平性的敏感度，设定其范围为 $\theta \in [0, 1]$。

尽管好评率会影响消费者对产品价值的预期，但公式(5－5)并未包含好评率，这是因为在线评论的好评率是由 Q_1和 p_1决定的，它只是在 Q_1和 p_1对 Q_2影响路径中起到中介作用。因此，公式(5－5)中已经考虑到好评率对消费者预期价值的影响。

不同于好评率，在线评论数量则为外生变量，评论数量可作为市场对产品认知度的一个重要线索，它主要受商家推广力度的影响。评论数量越多，意味着此产品受到更多的关注，同时消费者可以参考的信息来源也越丰富，从而提高市场对产品的认知，减少消费的不确定性。已有研究证明，在线评论数量与市场对产品的认知度正相关[15][16]。因此，认为市场中对产品有所认知的消费者比例是关于在线评论数量的函数，令该比例为 α，因此第二阶段真正的潜在消费者(即不仅对产品有需求而且还对产品知晓的消费者)的规模为 $N \times \alpha$。由于现实中，当评论数量很少时，少量的评论可以极大地帮助拓展市场，而随着评论数量的增多，每个评论在影响范围上的重叠越来越普遍。另外，总是会存在小部分消费者虽然对产品有需求，但是却没有机会了解产品。因此本书根据以上描述，设定 α 是在(0, 1)之间，随在线评论数量边际递减的函数，用公式可表示为

$$\alpha = 1 - e^{-\lambda k} \tag{5-6}$$

其中，k 为评论数量，λ 为确定的常数。当 $\lambda = 0.000\,5$ 时，公式(5－6)变化趋势如图 5－1 所示。

由于第二阶段市场容量为 N，根据公式(5－2)可得，第二阶段的市场需求为

$$D_2 = N\alpha \frac{Q_2 - p_2}{t} \tag{5-7}$$

将公式(5－5)、公式(5－6)代入公式(5－7)可得

$$D_2 = N(1 - e^{-\lambda k})\left[\frac{(q - \beta(Q_1 - q) - \theta(p_1 - p_r) - p_2)}{t}\right] \tag{5-8}$$

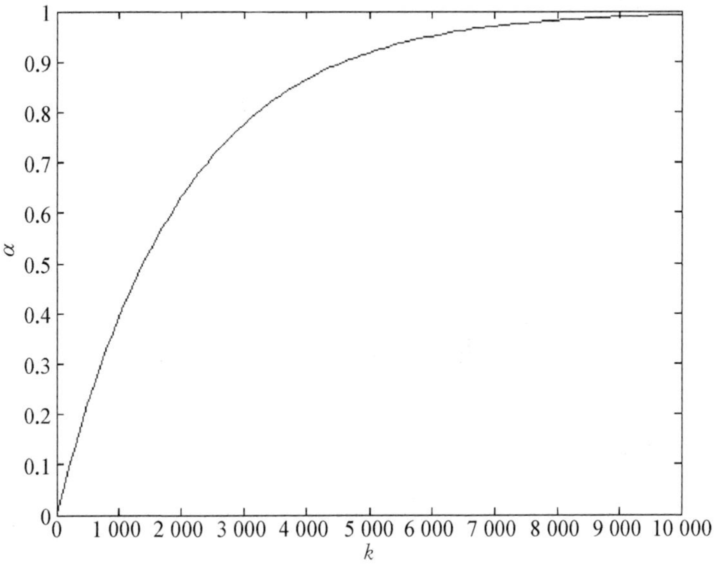

图 5-1　公式(5-6)的函数图

第二阶段商家利润为

$$\pi_2 = N(1 - e^{-\lambda k})\left[\frac{(q - \beta(Q_1 - q) - \theta(p_1 - p_r) - p_2)}{t}\right](p_2 - c) \quad (5-9)$$

将公式(5-4)和公式(5-9)相加得到商家总利润为

$$\pi = \frac{Q_1 - p_1}{t}(p_1 - c) + N(1 - e^{-\lambda k})\left[\frac{(q - \beta(Q_1 - q) - \theta(p_1 - p_r) - p_2)}{t}\right](p_2 - c) \quad (5-10)$$

通过对公式(5-10)求导后可得,第一阶段最优价格为

$$P_1^* = \frac{2Q_1 + 2c + N(1 - e^{-\lambda k})\theta(c - q + \beta Q_1 - \beta q) - N(1 - e^{-\lambda k})\theta^2 P_r}{4 - N(1 - e^{-\lambda k})\theta^2} \quad (5-11)$$

第二阶段最优价格为

$$P_2^* = \frac{2q + 2\beta q - 2\beta Q_1 - \theta Q_1 + 2c + 2\theta P_r - \theta c - N(1 - e^{-\lambda k})\theta^2 c}{4 - N(1 - e^{-\lambda k})\theta^2} \quad (5-12)$$

此情景下最大利润为

$$\pi^* = \frac{Q_1 - p_1^*}{t}(p_1^* - c) + N\frac{(1 - e^{-\lambda k})(q - \beta(Q_1 - q) - \theta(p_1^* - p_r) - p_2^*)}{t}(p_2^* - c) \tag{5-13}$$

5.2 数值模拟与结果分析

当网络零售商制定定价策略时，商家已经掌握了 q 与 c，通过和竞争产品的比较以及长期对市场的分析也不难估计出 p_r和θ，而 Q_1和 k 则分别与网络零售商发布的产品信息和产品推广力度相关。因此，商家的定价主要是根据自身对产品信息发布和产品推广力度来进行动态调整。为分析方便，本书固定 $q=1$、$p_r=0.5$、$c=0.25$、$\beta=0.2$、$\theta=0.2$、$N=10$，变动 $Q_1 \in [0, 2]$、$k \in [0, 10\,000]$，来分析 p_1、p_2、π 的变化。图 5-2、图 5-3 和图 5-4 分别展示了 p_1、p_2、π 随 Q_1和 k 变化的情况。

通过观察图 5-2 和公式(5-11)，可得出结论一和结论二。

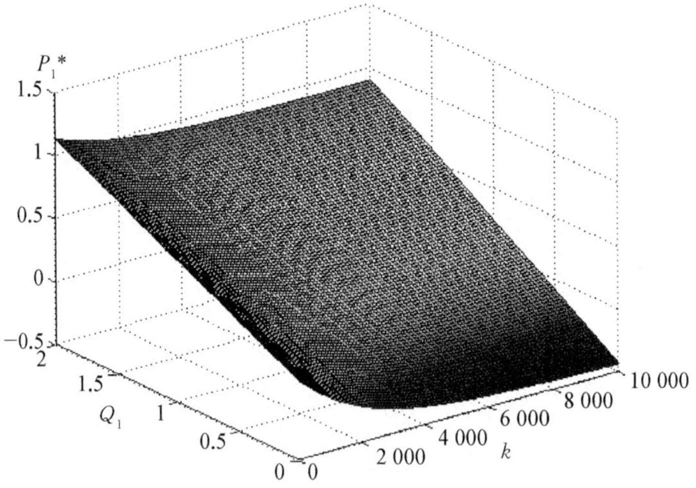

图 5-2 P_1^*随 Q_1和 k 变化

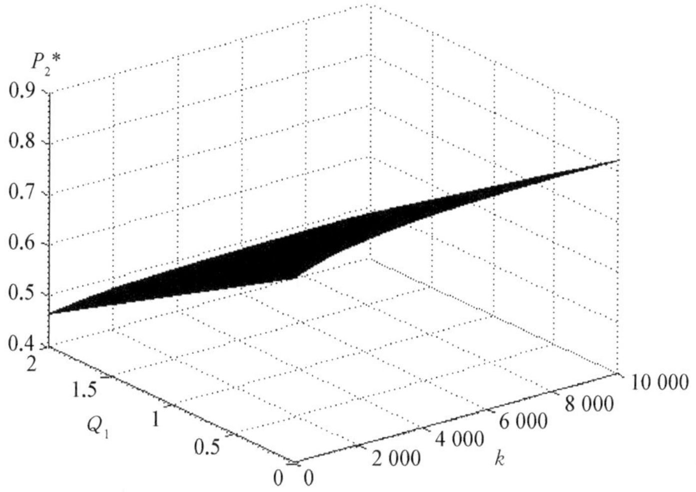

图5-3　p_2^*随Q_1和k变化

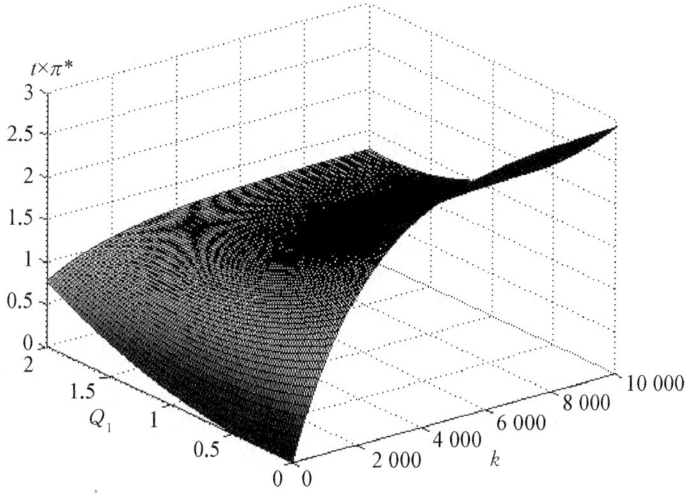

图5-4　$t\times\pi^*$随Q_1和k变化

结论一：产品第一阶段最优价格随在线评论数量的增加而降低。归其原因，评论数量增加，表示第二阶段市场对产品认知度的提高，也就意味着第二阶段产品潜在消费者规模的扩大，从而导致产品的主要需求来自第二阶段，因此商家有足够的动机牺牲第一阶段的利润，即降低第一阶段价格，来提高在线评论所反应的产品价值，使得第二阶段消费者对产品价值预期增加，从而扩大第二阶段的市场需求，最终提升总体利润。

结论二：产品第一阶段最优价格随第一阶段消费者对产品价值预期的增加而提升。根据消费者效用理论的假设，只要消费者的效用大于零，消费者就愿意购买产品。因此，消费者对产品价值的预期越高，意味着消费者愿意为此付出的价格也越高，商家从而可以设定更高的价格来谋取利润。

通过观察图 5 - 3 和公式(5 - 12)，可得出结论三和结论四。

结论三：产品第二阶段最优价格随在线评论数量的增加而增加。根据结论一可知，在线评论数量越高则第一阶段最优价格越低，低价格促使更多的正面评论，使得第二阶段消费者对产品价值预期增加，从而导致第二阶段价格的提高。

结论四：产品第二阶段最优价格随第一阶段消费者对产品价值预期的增加而降低。归其原因，当消费者获得产品后，消费者会对产品的期望与实际感知绩效之间的差距进行评估，感知的效果"达到"或"超过"期望时，便会达到满意的状态，反之将导致消费者的不满。这就意味着第一阶段消费者对产品价值的预期越高，消费者对产品感知的满意度可能越低，这种不满的情绪将反映在在线评论中，从而降低第二阶段消费者对产品价值的预期，导致商家不得不通过降低价格，来争取更多的市场需求。

通过观察图 5 - 4 和公式(5 - 13)，可得出结论五、结论六和结论七。

结论五：网络零售产品总利润随在线评论数量的增加而增加。评论数量增加，表示市场对产品的认知度提高，也就意味着产品潜在消费者规模的扩大，最终为商家获取更大利润提供了空间。

结论六：当在线评论数量很少时，网络零售产品总利润随第一阶段消费者对产品价值预期的增加而增加。因为评论数量很少，意味着第二阶段潜在消费者的规模也很小，此时产品的主要利润将来源自第一阶段，因此如何使第一阶段利润达到最大化，成为商家的主要目标。通过消费者效用理论和公式(5 - 4)可知，第一阶段消费者的预期和第一阶段利润正相关，从而导致在评论数量很小的前提下，利润随第一阶段消费者对产品价值预期的增加而增加。

结论七：当在线评论数量较多时，网络零售产品总利润随第一阶段消费者对产品价值预期的增加而减少。因为此时产品的主要利润来源自第二阶段，第二阶段利润的最大化成为商家的主要目标。根据对结论四的讨论可知，第一阶段消费者对产品价值的预期越高，其失望的可能性就越高，这种失望的情绪将通过在线评论传导给第二阶段的消费者，使这些消费者降低对产品的预期，从而减少第二阶段的利润，由于第二阶段的市场规模大，最终造成总利润的降低。

5.3　研究结果与讨论

本书以消费者效用理论为基础，采用网络零售两阶段销售为背景，引入在线评论因素，分别将在线评论好评率和在线评论数量作为内生变量和外生变量，建模分析了在线评论对网络零售产品最优定价的影响。结合数值分析发现，在线评论数量越大，则第一阶段产品最优价格越低，第二阶段产品最优价格越高，网络零售产品的总利润也越大；第一阶段消费者对产品价值的预期越高，则第一阶段产品最优价格越高，第二阶段产品最优价格越低；而只有当在线评论数量较小时，网络零售产品的总利润才随第一阶段消费者对产品价值的预期增加而增加，否则网络零售产品的总利润将随第一阶段消费者对产品价值预期的增加而减少。

由于在线评论数量取决于网络零售商的产品推广能力，第一阶段消费者对产品价值的预期则主要是通过参考网络零售商发布的产品信息获得，根据数值模拟得出的结论，提出以下管理启示：

首先，商家应该尽量增强产品推广能力，提高产品的认知度。根据前面的模型与数值分析，可知评论数量的增加能带来商家利润的提升，而评论数量反映的正是市场对产品的认知度，认知度的提高意味着产品潜在消费者规模的扩张。为此，商家应提高产品推广能力，扩大宣传力度，鼓励用户发表在线评论，因为在线评论数量的增加可以提高产品的认知度，甚至负面评论也能提高产品的认知度[19]。

其次,商家应对自身推广能力以及第二阶段的产品需求有大概的预判,并依据此预判,发布产品信息和制定定价策略,不可盲目夸大产品质量。因为当商家产品推广能力强,产品第二阶段需求更大时,产品的总体利润随第一阶段消费者对产品价值预期的提升而减少,此时通过夸大产品质量来提高消费者的预期,虽然可以提高第一阶段产品价格和第一阶段利润,但却会损失更多的第二阶段利润。因此商家应对产品推广能力有合理的判断,准确掌握市场对产品的认知度,并据此合理地制定产品信息发布策略和定价策略。

最后,由于一般情况下,第二阶段的时间跨度要远比第一阶段时间长,市场对产品的认知度要远远大于第一阶段,商家也往往把产品销售的第一阶段作为试验性销售,而更加看重第二阶段的产品销售。在此情景下,评论数量越大,商家则应该更大力度地降低第一阶段的产品价格,来换取第二阶段更大的需求,并略微提高第二阶段的价格,最终实现总体利润的增长。在图 5 - 2 中发现,当评论数量很高时,第一阶段的最优价格甚至可为负数。因此商家可以根据自身产品和市场的情况,适当地策划一些产品赠送活动或提供一些产品的免费试用。

5.4 本 章 小 结

首先,本章将网络零售行为划分为两个阶段: 第一阶段,商家对产品有一个初始定价,消费者只能根据商家发布的产品信息,对产品的真实价值进行估计并与初始定价比较,然后做出购买决策;第二阶段,商家根据第一阶段反馈的销售情况,将产品定价进行调整,消费者则根据第一阶段已购买该产品的消费者的评论,以及新定格进行购买决策。

其次,构建了网络零售两阶段定价模型,该模型是在消费者效用理论的基础上引入在线评论因素,并分别将在线评论好评率和评论数量作为内生变量和外生变量。

最后,结合数值分析,分析了在线评论对网络零售产品最优定价的影响,得到

7 个重要结论：① 产品第一阶段最优价格随在线评论数量的增加而降低；② 产品第一阶段最优价格随第一阶段消费者对产品价值的预期增加而提升；③ 产品第二阶段最优价格随在线评论数量的增加而增加；④ 产品第二阶段最优价格随第一阶段消费者对产品价值预期的增加而降低；⑤ 网络零售产品总利润随在线评论数量的增加而增加；⑥ 当在线评论数量很少时，网络零售产品总利润随第一阶段消费者对产品价值预期的增加而增加；⑦ 当在线评论数量较多时，网络零售产品总利润随第一阶段消费者对产品价值预期的增加而减少。

第6章

结论与展望

6.1 研究结论

本书以在线评论生命周期的三个阶段(评论发表、评论采纳、影响购买意愿)为研究路线,系统地研究了在线评论从产生到消亡的影响机理。通过理论分析、扎根理论、实验手段、实证分析等多种途径来探索在线评论发表、评论采纳以及影响消费者购买意愿的因素。最终,为电子商务企业制定网络口碑营销策略提供理论指导。

6.1.1 在线评论发表

本书通过文献分析和理论推导,并结合在线评论近年来出现的新现象,将消费体验的满意度和产品卷入度、在线评论系统、物质奖励以及感知风险纳入在线评论发表模型中。同时,本书认为正面评论和负面评论具有完全不同的产生机理,并针对正面评论和负面评论分别建立两个模型,来分析比较发表不同情感极性评论的前因差异。而为了两个模型更为精确,本书还将满意度划分为 2 种类型:正向满意度和负向满意度。最后,在实证研究阶段,以高学历的青年人为调查对象进行了问卷调查,采用结构方程模型,并通过 SPSS 和 Amos 软件进行数理统计分析,对各项假设进行了科学验证。

研究结果显示,发表正面评论最重要的前因是消费者对在线评论系统的感知有用性,其次是消费者对购物体验的满意度。相反,发表负面评论最重要的前因是消费者对消费体验的满意度,其次是消费者对在线评论系统的感知有用性。而在线评论系统的感知易用性对发表正面评论和负面评论都没有直接影响。此外,无论是发表正面评论还是负面评论,产品卷入度都对消费者评论发表意愿有显著的正向影响作用。当发表正面评论时,消费者会受到物质奖励的诱惑;当发表负面评论时,消费者则会因顾虑受到卖家骚扰,而产生感知风险,最终对发表负面评论产生疑虑。

6.1.2 在线评论采纳

针对已有的在线评论采纳研究中存在的问题，考虑到在线环境瞬息万变，本书研究不再单一地采用文献演绎模式，而是在文献演绎的基础上结合扎根理论的质性研究方法。根据扎根理论的研究结果显示，消费者对在线评论有用性的感知会直接影响消费者的采纳行为，而在线评论有用性则主要受评论质量和评论来源两个维度影响，这一结果和信息采纳理论以及大量的现有研究相吻合。另外，在扎根理论的研究中还发现，评论热度和消费者的产品卷入度同样是影响评论有用性的重要因素。为此，我们从评论质量、评论来源、评论热度和产品卷入度四个维度，构建在线评论采纳模型。该模型认为，评论质量、评论来源和评论热度都直接影响评论的有用性。而产品卷入度则在评论质量和评论有用性之间起调节作用。最后，利用结构方法模型，对理论模型进行验证；并采用多群组比较的策略，对产品卷入度的调节作用进行验证。

结果显示，评论的有用性是影响评论采纳最为重要的因素。评论质量、评论热度和评论来源可信度则通过影响评论有用性的中介作用间接影响评论采纳。评论质量维度中只有综合性、准确性和可读性对评论有用性的影响得到了证实。而产品卷入度在评论质量和评论有用性之间的调节作用并未得到支持。

6.1.3 在线评论发表与采纳对购买意愿的影响

针对在线评论影响购买意愿的研究，部分学者采用调查问卷收集数据，其局限性在于问卷数量有限，调查对象不一定具有代表性与典型性，使得样本质量不高，进而影响实证研究结果的有效性。更多的学者是直接研究评论和产品销量的关系，但结果并不统一。可能原因在于，影响产品销量的因素过多，如价格、时间、竞争对手等，难以有效地对所有因素进行控制。为此，笔者采用实验方法，模仿真实的评论页面，通过设定特殊的情景来克服这一困难。另外，为了能够更接近现实和反映现实状况，本书以一组在线评论为研究对象，最终通过多元回归分析，探寻在线评论对购买意愿的影响因素。

具体来说，本书从在线评论发表、在线评论采纳、情感极性和产品销量四个维度来分析消费者购买意愿的影响机理，并结合第 2 章和第 3 章的研究结果，将评论数量作为评论发表的替代变量，用好评率来替代评论整体情感极性，从而构建在线评论对购买意愿影响的计量模型。为了使研究结果更为准确，本书采用实验来收集数据，制作多个产品在线评论页面，并随机发放给被试，要求其在阅读后，填写有关购买意愿的调查问卷，同时为了尽可能消除被试的个体差异干扰，实验阶段我们还制作了基准评论页面，而所有的购买意愿问卷都是建立在与基准评论页面比较的结果上的。最后根据评论的整体情感极性，以基准评论页面的好评率为界，将样本数据分成两组，构建了整体模型、低好评率模型、高好评率模型三个模型，并采用多元回归进行分析。

实证研究结果发现：首先在低好评率模型中，在线评论的好评率、产品销量、高质量正面评论数量对消费者的购买意愿有着显著正向影响，而评论数量和高质量负面评论数量对购买意愿有显著的负向影响；其次在高好评率模型中，产品销量、评论数量、高质量正面评论数量对消费者的购买意愿有着显著正向影响，好评率却对购买意愿没有显著影响，而高质量负面评论数量对购买意愿有显著的负向影响；最后在整体模型中，产品销量、好评率、高质量正面评论数量均对消费者的购买意愿有着显著正向影响，高质量负面评论数量则对购买意愿有显著的负向影响，而评论数量对消费者购买意愿的影响不显著。

6.1.4 整体分析

将上文的研究结果进行整合，可以得到评论发表和评论采纳对购买意愿影响的整体概念模型，如图 6 - 1 所示。

在线评论对购买意愿的影响，很大程度上在发表阶段就已经形成了。

首先，满意度、在线评论系统、产品卷入度、物质奖励和风险感知因素决定了消费者的评论发表意愿。其次，评论发表意愿直接导致发表行为的产生，因此决定了评论

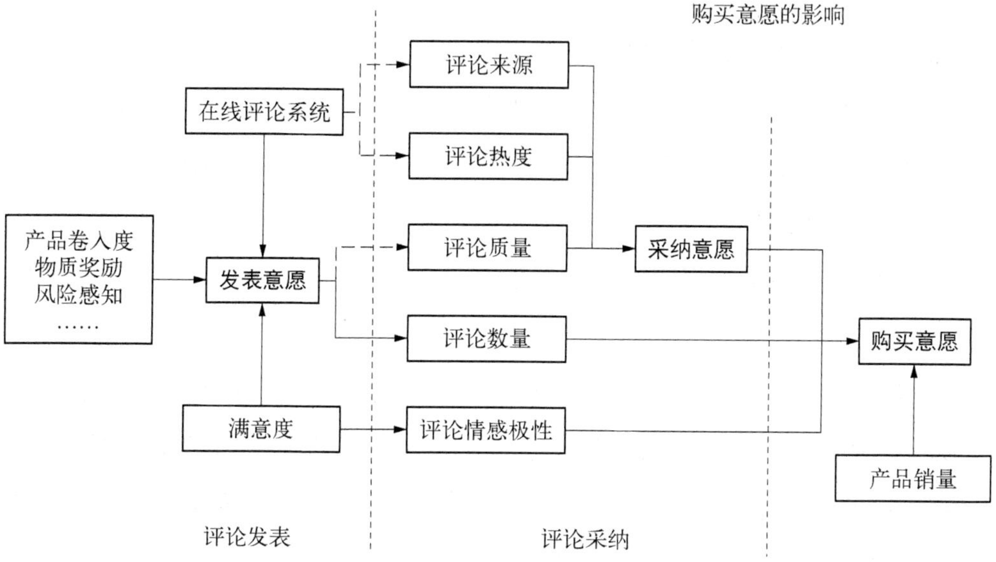

注：虚线箭头为本书实证研究未涉及路径。

图 6－1　评论发表和采纳意愿对购买意愿影响的概念模型

数量的多少。同时评论的发表意愿也对评论质量有影响，一般而言，消费者发表评论的意愿越强烈，其发表评论时也会更认真，进而更有可能产生高质量的评论。另外，评论发表意愿并不影响评论的情感极性，评论发表意愿只决定了评论的产生，评论中蕴含的情感极性由满意度决定，评论阅读者不仅可以从字里行间感受到发表者的情感极性，更可以通过好评率来快速、粗略地判断整体评论的情感极性，即整体市场对产品的态度。最后，当评论发表后，评论质量、评论来源和评论热度是决定单个评论被采纳的关键因素。而只有被采纳的评论，其内容才会对购买意愿产生影响。而评论数量和好评率虽然对评论的采纳没有影响，但它们却对消费者的购买意愿有直接影响。其中高好评率是高购买意愿的前提条件，即只有在高好评率下，才有可能产生高购买意愿；而低好评率只能产生低购买意愿。并且好评率的高低还决定了评论数量对购买意愿影响的方向：当好评率较高时，评论数量越多，消费者的购买意愿越强；当好评率较低时，评论数量越多，消费者的购买意愿越弱。

通过以上分析，不难发现在线评论影响购买意愿最重要的根源因素是满意度和在线评论系统的感知有用性。

满意度是影响负面评论发表意愿中最重要的因素，是影响正面评论发表意愿的第二重要因素。而发表意愿又通过影响评论数量和评论质量，最终作用于购买意愿。更为重要的是，满意度直接决定了在线评论的情感极性，正向的情感极性是保证较高购买意愿的前提条件。

在线评论系统的感知有用性是影响正面评论发表意愿最为重要的因素，是影响负面评论发表意愿的第二重要因素。同满意度一样，在线评论系统也是通过影响发表意愿间接对购买意愿产生影响。另外，在线评论系统作为消费者发表和阅读评论的载体，它和评论热度、评论来源有重要的联系。在网络环境中，消费者判断评论热度和评论来源完全依赖于在线评论系统所提供的功能，如："有用性投票""评论讨论人数"是消费者判断评论热度的重要指标；"追溯评论者原有评论""评论者专业等级划分"等功能则会对评论来源可信度产生重要影响。而评论热度和评论来源是影响评论采纳意愿的重要维度，只有评论被采纳，该评论的内容才会对购买意愿产生影响。本书第 4 章研究结论也证实，高采纳度评论对购买意愿有显著影响。

因此，以在线评论为视角，提高消费者购买意愿最根本的措施是提高消费者满意度和优化在线评论系统。

6.2 管理启示

6.2.1 注重消费体验，提高消费者满意度水平

满意度是消费者在线评论发表意愿的重要驱动因素，满意者倾向于发表正面评论，不满意者则容易发表负面评论。正面评论有助于提高其他消费者的购买意愿，从而促进商品的销量。负面评论一般而言会直接降低商品的销量。因而消费者的满意度直接关系到商家的利益，如何提高消费者的满意度成为了商家销量来源的关键。

而满意度我们一般笼统可以把它分为对产品本身品质的满意度和对商家服务的满意度。产品品质是消费者消费价值的直观体现，在激烈的网络商品竞争下，依靠高品质的产品质量、高性价比的产品价值和个性化的产品设计，是网络商家提高产品竞争优势，获得高消费者感知价值的重要方式。

另外，在保证质量的前提下，做好服务也至关重要。商家要以消费者为中心，加强电子商务的服务管理，为网购消费者提供完善的售前和售后服务，提高服务质量和服务水准，提供灵活的个性化服务模式，传达真诚的服务态度和较高的服务素质，同时重视服务失误过程中的服务补救措施，以及以此造成的负面评论传播[165]。Hornik等(2015)通过实验证明负面在线评论在网络上的传播速度要远远快于正面评论的传播[166]。因此商家要尤为重视有负面情绪的消费者，如：明确有关商品或服务问题赔偿的承诺，并为消费者抱怨提供方便的渠道，引导消费者在消费过程中遇到问题时首先考虑的是向商家投诉，当消费者对商家的服务补救结果感到满意的时候，不但不会进行负面评论传播，反而有可能进行正面评论宣传来支持商家[25][167]。商家对消费者指出的不足之处也需不断完善，提高自身的竞争力。而对于满意的消费者，商家可以请求其发表正面在线评论。Soderlund 和 Mattsson 的研究证实，轻微的请求可以促使消费者传播口碑的行为[168]。

总而言之，当产品本身的品质和商家的服务都超过消费者预期时，消费者满意度会自然而然提升，正面评论也随之产生。所以商家应以产品品质为基础，注重消费者在产品购买过程和使用过程中的体验和感受，注重提高员工素质、专业程度、沟通技巧、服务细节等诸多方面，为消费者带来安全、愉悦、美好的消费体验。

6.2.2 增加互动性，优化在线评论系统

研究证明消费者对在线评论系统的感知有用性不仅影响消费者评论发表意愿，还会对评论热度、评论来源可信度产生影响。而增加互动性是提高系统有用性的重要捷径。

增加消费者和商家的互动。现有电子商务平台上的在线评论系统，虽然大部分

都提供基于在线评论的产品和商家排名，但仍有很多消费者认为，自己的评论会很快淹没在评论的海洋中，不会被商家重视，也很难帮助到其他消费者。因此，电子商务平台应尽量做到快速回应在线评论中消费者的问题和质疑等，并根据在线评论对产品和商家进行奖罚，如调整搜索排名、扣除保证金、限制广告投放以及要求产品下架等。同时还要提高消费者对网站声誉管理的认知，让他们意识到发表在线评论将对商家业绩有直接影响，从而提高消费者对发表在线评论的感知有用性。

增加消费者之间的互动。在线评论系统可提供诸如“有用性投票”“追加评论”“讨论评论”等功能，并允许评论分享到社区、博客、微博、微信，借助以上平台提高在线评论自身的互动性，从而满足消费者通过发表在线评论实现自我提升的需求[169]。同时公开评论发表者的历史评论数、等级排名、社会网络中心度和其他评论者回应数，来帮助评论阅读者判断评论来源可信度和评论热度，节约搜索时间与精力，提升整体评论的采纳度。除此之外，商家还需积极打造意见领袖，主动挖掘高信任度的评论者，加强与他们的沟通交流，免费让他们体验商品，听取他们的建议，鼓励他们发表在线评论，充分利用他们的评论以最快的速度在消费者中传播，扩大影响力。

6.2.3 引导评论发表，提高在线评论质量

本书的实证研究表明，在线评论质量对在线评论的感知有用性影响最为强烈，对消费者的采纳意愿和后续的购买意愿影响也尤为明显。因此，商家应当重视在线评论的管理，尤其要善于利用高质量的在线评论。这要求电子商务企业自身把在线评论的重要性提到战略高度上来，鼓励消费者多发表内容丰富、信息量大的在线评论[170]。目前，大多数在线评论系统评价都是默认以时间顺序来排列的，这其实是一个思维误区，误以为消费者一定会按照时间顺序来对在线评论进行浏览。事实上，不少消费者会根据自己的信息需求对在线评论进行跳跃式浏览。因此，对在线评论进行最大化利用就要以消费者的信息需求为导向，摒弃单一时间顺序排列方式，而关键的第一步就是要评估哪些是质量高的在线评论。在消费者对在线评论内容质量的判定上，综合性、准确性和可读性位居一二三位，这就意味着应该对那些与所评论的产

品属性密切相关且有细节描述的在线评论给予更多关注。可考虑将这些有细致描述(如有图片)的高质量在线评论进行"置顶"排列且不定期调整次序、优化版面设计以及鼓励消费者点击"有用/无用"按钮,并充分利用文本分析技术来识别高质量评论,以此增加高质量在线评论的曝光率、吸睛率和利用率,最大限度地发掘其价值。同时可以根据评论热度进行排序,潜在消费者浏览评价的时候,如果该评价对其有用可以在下面留言或点赞,留言多的或点赞多的排到前面。还可以对高质量评论发表者进行物质奖励,来提高消费者发表高质量评论的积极性。另外商家还可以在消费者发表评论时,利用在线评论系统为消费者提供必要的引导。有很多消费者虽然发表意愿非常强烈,却不知该如何发表高质量的评论,使得评论的内容以主观感慨为主,没有实质上关于产品的有用信息。因此系统可引导消费者对产品各个属性进行分开评论,如:针对手机产品,系统可根据"屏幕""电池""上网速度"等属性提供相应的独立评价对话框,以此来诱导消费者发表更为细致的在线评论。

企业不仅要关注网络上与自己产品相关的评论,同时也应注意收集对手产品的评论信息,尤其是普通用户对其产品的评论,并加以分析,以此来预先判断竞争对手下一步可能的营销策略,提早做好应对措施。随着在线评论对购买意愿的影响被反复证明,越来越多的企业组织起专业团队,对自身相关的在线评论进行管理,并进行合理引导来提高企业绩效[171],但大部分商家忽略了对竞争对手和行业伙伴在线评论的合理干预。Li 和 Hitt(2012)通过研究企业定价行为,证实已有企业会根据在线评论的变化而进行动态定价策略[172]。因此企业可以在避免恶意攻击的基础上,通过合理引导其他企业的相关在线评论,促使整个市场的合理发展,如:引导舆论更多关注竞争产品的某个特征,从而改变竞争对手在产品设计上的调整,提高市场上产品的差异性,避免恶性的价格战。

6.3 研究展望

本书的研究对象在线评论是一个相对新鲜的事物,且研究涉及多个学科,如消费者心理学、行为学、营销学及传播学的相关研究，是一个多层面多角度的系统课题。整个研究过程充满挑战，因此本书仍然存在一些有待改进的地方，需要继续展开深入的研究。主要包括以下几个方面。

6.3.1 扩大数据收集范围

由于客观条件和主观精力所限，本书大量的数据收集是通过问卷工具进行的，情景模拟中购买意愿的结果也是透过问卷收集的，而被试可能会有更多想法无法在问卷答案上体现，所以调查结果可能会存在一定的偏差。其次，我们在数据收集过程中使用的是随机抽样结合便利抽样的方法，并受制于问卷发放的地域，样本的高学历、年轻化、城市化特征比较明显，加之本书的有效样本量也只是达到基本样本量要求，未能有效地涵盖更加广泛的在线消费者群体，研究结果的普适性有待加强。为此，后续研究可以扩大问卷发放范围，尽可能地涵盖所有在线消费者群体，使研究结果有更好的普适性；或根据不同地域、不同收入人群等分类，分别收集样本数据，促使研究结果有更好的针对性。

6.3.2 加入个人特质维度的分析

本书仅在探讨评论发表意愿和评论采纳意愿的因素中，考虑了产品卷入度因素。而在构建购买意愿的计量经济学模型时，未涉及任何个人特征因素。事实上，个人特征包括很多因素，除产品卷入度外，还有社会地位（在虚拟社区中往往以网络中心度衡量）、社会经验、性格特征等，尤其网络中心度近年来引起学者的广泛关注。因此后续研究可以在本书的理论模型基础上，增加更多的个人特质因素，提高模型的完整度[173]。另外，在线评论行为不仅涉及发表者还牵涉到采纳者，未来研究不仅可以简单地将发表者和采纳者的个人特征加入到模型中进行分析，甚至可以将发表者和采纳者的个人特征差异纳入分析模型中。

6.3.3 分产品类型开展研究

根据 Hao 等（2010）的研究，产品类型对在线评论采纳意愿和消费者购买意愿都具有显著的调节作用[174]。而本书在评论采纳和购买意愿的研究中,都是以智能手机为例,尽管智能手机是较为典型的体验型产品,但同时也具有部分搜索型产品的特征,其主要属性指标都是可以量化展示在产品网页上,因此并不能完整反映体验型产品的所有内涵和特征,这导致在线评论的影响弱化。后续研究一方面可以寻找更为典型的体验型产品进行研究,如电影、网络游戏等;另一方面,可以同时对搜索型产品进行研究,并和体验型产品进行比较,从而更好地指导商家进行网络口碑营销实践。

6.3.4 分平台研究

我国目前存在不同类型的在线评论平台(在线评论系统),包括综合性电子商务平台的评价体系、第三方点评网站、商家自有的在线反馈系统以及消费者虚拟社区。不同类型的在线评论平台有着不同的优势和劣势,而对于在线消费者来说,在不同的网络环境中发表或阅读评论,其感知风险、感知有用性等也是有显著差异的。因此,后续研究可以从不同类型的在线评论系统入手,展开进一步深入研究。

附录 A　关于在线评论发表意愿的调查问卷

尊敬的先生/女士：

您好！感谢您在百忙之中填答此问卷。在填写本问卷之前，请您仔细回忆**最近一次**的网络购物经历，并据此对下列问题做出回答。

这是一份用于纯学术性研究的调查问卷。本问卷采用匿名的方式，您所给出的答案并无对错之分，只希望您能表达自己的真实意见和想法。我保证，您所提供的信息决不另作他用或向第三方披露，敬请您安心填答。您的热心参与将有助于本研究的顺利完成，在此向您表示衷心的感谢！

1. 您的性别是
□男　□女
2. 您的年龄是
□18 岁以下　□18～24 岁　□25～29 岁　□30～34 岁　□35 岁以上
3. 您的学历是
□高中及以下　□大专　□本科　□硕士(包括 MBA)　□博士及以上
4. 您的职业是
□公务员　□教师　□军官　□工人　□公司职员　□专业技术人员　□私营业主
□学生　□其他(请指明：　　　　)
5. 您是否在网上购买过商品？
□是　□否　(若选择“否”，可以结束此次答卷，谢谢！)
6. 您在网上购物的次数一共有几次？
□1 次　□2.5 次　□6～10 次　□10 次以上
7. 您平均网上购物的频率是多少？
□1 个月不到 1次　□1 个月 2～3 次　□1 周约 1 次　□1 周不只 1 次
8. 最近一次让您印象深刻的网上购物是在以下哪个网站发生的？
□淘宝网　□拍拍　□1 号店　□京东商场　□当当网　□卓越亚马逊
□凡客诚品　□麦考林网　□ebay 易趣网　□其他(请指明：________)
9. 您对这次网上购物的总体感觉是？
□满意　(若选择“满意”，请选择**问卷Ⅰ**作答)
□不满意　(若选择“不满意”，请选择**问卷Ⅱ**作答)

问卷Ⅰ　正面评论发表意愿

您对这次网上购物的**满意程度**是:

□一般　　□有点满意　　□比较满意　　□很满意　　□非常满意

请您继续**根据此次网上购物的经历和感受**选择对下列陈述的同意或不同意程度,并在相应的位置上划"√",选择无对错之分	非常不同意	不同意	不确定	同意	非常同意
1. 在该平台上发表评论可以帮助其他买家					
2. 在该平台上发表评论可以帮助我表达正面情绪					
3. 在该平台上发表评论可以帮助卖家					
4. 总体来说,在该平台上发表评论可以满足我的需求					
5. 学习使用此在线评论系统很容易					
6. 使用此在线评论系统过程简单不繁琐					
7. 我可以熟练地使用该在线评论系统					
8. 购买该产品时,我会很慎重地选择					
9. 该产品对我来说很重要					
10. 该产品是我所关注的产品					
11. 该产品是我所需要的					
12. 我会花精力研究该产品					
13. 发表评论后获得的物质奖励对我很有吸引力					
14. 我很在意发表评论后可获得的奖励金额					
15. 我希望可以通过发表好评来获取奖励					
16. 对于此次交易,我很想发表评论					
17. 收到产品后,我想要给卖家好评					
18. 对于此次交易,我不打算发表评论					

本问卷到此结束,最后请您再浏览一下有无遗漏。再次感谢您对本研究的支持与帮助!

问卷Ⅱ 负面评论发表意愿

您对这次网上购物的**不满意程度**是：

□一般 □有点不满意 □比较不满意 □很不满意 □非常不满意

请您继续**根据此次网上购物的经历和感受**选择对下列陈述的同意或不同意程度，并在相应的位置上划"√"，选择无对错之分。	非常不同意	不同意	不确定	同意	非常同意
1. 在该平台上发表评论可以帮助其他买家					
2. 在该平台上发表评论可以帮助我发泄负面情绪					
3. 在该平台上发表评论可以报复卖家					
4. 总体来说，在该平台上发表评论可以满足我的需求					
5. 学习使用此在线评论系统很容易					
6. 使用此在线评论系统过程简单不繁琐					
7. 我可以熟练地使用该在线评论系统					
8. 购买该产品时，我会很慎重地选择					
9. 该产品对我来说很重要					
10. 该产品是我所关注的产品					
11. 该产品是我所需要的					
12. 我会花精力研究该产品					
13. 我担心发表负面评论会遭受到卖家的报复					
14. 我担心发表负面评论会遭受到卖家的骚扰					
15. 发表负面评论可能会给我带来金钱损失					
16. 发表负面评论可能会给我带来不必要的麻烦					

（续表）

请您继续**根据此次网上购物的经历和感受**选择对下列陈述的同意或不同意程度，并在相应的位置上划“√”，选择无对错之分。	非常不同意	不同意	不确定	同意	非常同意
17. 发表负面评论可能会给我带来利益损失					
18. 对于此次交易，我很想发表评论					
19. 收到产品后，我想要给卖家差评					
20. 对于此次交易，我不打算发表评论					

本问卷到此结束，最后请您再浏览一下有无遗漏。再次感谢您对本研究的支持与帮助！

附录 B　在线评论采纳意愿影响因素的访谈提纲

尊敬的先生/女士：

您好，非常感谢您对我们研究的大力支持，本书访谈的主要目的是探讨我们在采纳在线评论时受哪些因素的影响，访谈提纲在访谈前已经发给大家，相信大家也进行了深入的思考，下面访谈开始：

1. 请问您的年龄、受教育程度和职业背景是什么？

2. 请您描述一下什么是在线评论？

3. 请问您在进行网络购物时会阅读在线评论吗？

4. 请您描述一下最近或印象比较深刻的一次或几次阅读在线评论的情况，能描述一下您当时的内心活动吗？

5. 请问您阅读了在线评论后，是否采纳了评论提供的信息？

6. 哪些因素会促使您最终采纳在线评论？

7. 请您描述一下在阅读后没有采纳在线评论的原因？

8. 有什么因素阻碍您采纳在线评论吗？

9. 您能就刚才提到的这些因素做进一步描述吗？

10. 如果有可能，您会提出哪些建议来提高在线评论被采纳的可能性？

11. 对刚才的讨论，您还有什么补充吗？

非常感谢您的参与，谢谢！

附录C　关于在线评论采纳意愿的调查问卷

尊敬的先生/女士：

您好！感谢您在百忙之中填答此问卷。本问卷采用匿名的方式，您所给出的答案并无对错之分，只希望您能表达自己的真实意见和想法。我保证，您所提供的信息决不另作他用或向第三方披露，敬请您安心填答。

在填答本问卷之前，设想您准备在网上选购一款手机，您正在浏览一家购物网站，其间您对某款手机产生了兴趣，因而您进入了该产品的相关信息页面，并开始浏览该产品的评论信息(实验员将为您指定产品的评论页面，请您仔细阅读)。

谢谢您的配合，请您根据刚才阅读的任何一条评论，回答下列问题。

您认为该评论是：

□正面评论　　□负面评论　　□不确定

请您继续**依据该评论以及当时的情景和感受**选择对下列陈述的同意或不同意程度，并在相应的位置上划“√”，选择无对错之分。	非常不同意	不同意	不确定	同意	非常同意
1. 该评论是和产品相关					
2. 该评论是和产品有联系的					
3. 该评论和产品本身是无关的					
4. 该评论是及时更新的					
5. 该评论是最新的					

（续表）

请您继续**依据该评论以及当时的情景和感受**选择对下列陈述的同意或不同意程度，并在相应的位置上划“√”，选择无对错之分。	非常不同意	不同意	不确定	同意	非常同意
6. 该评论的内容并不过时					
7. 该评论是准确的					
8. 该评论是正确的					
9. 该评论是客观的					
10. 该评论涉及内容很全面					
11. 该评论是细致、详尽的					
12. 该评论包含内容很丰富					
13. 该评论可以满足我的需求					
14. 理解这个评论内容很难					
15. 阅读该评论，对我来说很容易					
16. 从该评论中很容易获得我想要的信息					
17. 该评论是热门评论					
18. 很多人关注该评论					
19. 该评论阅读量很高					
20. 评论者具有与该产品相关的知识					
21. 评论者在该产品消费领域是有经验的					
22. 评论者在该产品消费领域是行家					
23. 评论者的专业水平不高					
24. 评论者具备提供正确信息的能力					

（续表）

请您继续**依据该评论以及当时的情景和感受**选择对下列陈述的同意或不同意程度，并在相应的位置上划"√"，选择无对错之分。	非常不同意	不同意	不确定	同意	非常同意
25. 评论者是诚实的					
26. 评论者是真实的消费者					
27. 评论者会保证评论内容的真实性					
28. 购买该产品时，我会很慎重地选择					
29. 该产品对我来说很重要					
30. 该产品是我所关注的产品					
31. 该产品是我所需要的					
32. 我会花精力研究该产品					
33. 该评论提高了我对产品的了解					
34. 该评论消除了我对产品的疑惑					
35. 该评论为我节约了搜寻产品信息的时间					
36. 该评论是有用的					
37. 我参考了该评论给的建议					
38. 该评论帮助了我做购买决策					
39. 该评论改变了我的购买意愿					

为了便于资料的统计分析，以下需要了解您的个人信息，采用匿名方式，请您放心作答，谢谢合作。

1. 您的性别是

□男　□女

2. 您的年龄是

□18 岁以下　□18～24 岁　□25～29 岁　□30～34 岁　□35 岁以上

3. 您的学历是

□高中及以下　□大专　□本科　□硕士(包括 MBA)　□博士及以上

4. 您的职业是

□公务员　□教师　□军官　□工人　□公司职员　□专业技术人员

□私营业主　□学生　□其他(请指明：________)

本问卷到此结束,最后请您再浏览一下有无遗漏。再次感谢您对本研究的支持与帮助!

附录 D　高质量在线评论

高质量正面评论

1.“忐忑地买了一部，结果意外地惊喜，确实不错：① 反应、手感、重量都到位了，像素也挺高，换上 4G 卡后上网很快，几乎没有卡顿；② 手机拍照效果很好，试了下，感觉不比 iphone 6 差；③ 电池还行，今天新机到了，20%的电量从中午 2 点一直玩到 12 点才没电；④ 存储内存也够用，而且支持扩展卡，对稍微懂得运用系统设置优化手机的人来说，配合一张内存卡完全没问题；⑤ 最后也没见特别烫什么的，设计风格很简洁，充电线也是扁线，很特别，预装了很多最常用的软件。真心不错，希望我说的能给广大群众起到作用。”

2.“指纹解锁 0.3 秒，不夸张，真的很快。运行的话，下载了几个大型游戏，像 CF 之类，没有卡过，玩了一个多小时，电池竟然没有很烫，正常散热，还有我同时运行十几个软件，没有卡机或者死机。另外，屏幕分辨率很高，光线柔和，字体很大，看得很舒服。系统运行稳定，上网和操作快而简洁。用得非常顺手！”

3.“特意用了两个星期后再来评价。首先，手机在续航力方面颇为出色，我以日常的使用为例（上网、玩游戏、拍照各半小时左右），连同通话和短讯等，手机也是轻易地撑过了 20 小时，而刻意使用多一点网络相关功能（也就是一有空就使用新浪微博、微信、QQ 等等），也还可以使用 12 小时以上。其次，在运行方面，我以极品飞车以及天下 2 两个游戏为例，通过试玩，游戏的载入时间较短，在 5 秒左右能够进入到游戏中，游戏运行也比较流畅，没有卡顿的情况。最后，照相功能是我最满意的，拍出的颜色很准确，尤其是夜间拍摄能力非常强，不比 iphone 6 差。总之，强烈推荐购买。”

4.“手机性能不错,拿穿越火线进行了测试,在游戏过程中并无明显卡顿,发热也不是很厉害,总体来说表现还是不错的。和其他手机一样,手机预装了 10 个第三方应用程序软件,不过好在这些第三方应用程序都是可以自行卸载的,可以腾出不少内存空间。相机也很不错,在比较正常的白天日光下,手机的成像效果还不错,无论是在大远景还是在一些微距效果,都能保证有真实的色彩还原和细节表现。”

5.“使用了几天,运行正常,没有出现过卡机死机现象,运行速度快,指纹解锁方便快捷,电池正常使用的情况下,两天充一次,手机信号用的是电信,基本是满格,网络 4G 很流畅,玩游戏的画面和音质很好,明显好于其他国产手机,玩的时候也没有明显的发热现象,看视频也很流畅,看了 2 个小时,摸着一点都不烫手。系统反应速度很快,外观和手感握持都很好,拍照清晰,摄像头很赞。”

高质量负面评论

1.“手机千万别太信配置,3G 的内存,没下几个软件就用了 2G 多,我也是醉了,屏幕分辨率虽然跟我之前手机是一个样,可是这拿到手浏览图片的时候,实在不敢恭维,色彩真不好,发暗发黄。自动根据环境光线调节屏幕亮度,反应最起码 1 秒钟才循环渐进,像河面的水波荡漾一样。卸载软件会出现黑屏情况。电池也不行,如果是手机控,基本一天一冲,看着 4000 多毫安,有点太高估它的使用时间了,照相机就更不行了,颜色失真。”

2.“买回来第一天就出现屏幕失灵,虚拟按键和触摸屏都无法使用,但是奇怪的是,等电池没电了再充电,屏幕又可以点了,只能先用着了。像素的话,都是骗人的,不太清晰,如果对像素要求很高的人建议不要买,听筒音质也是廉价效果。通话,有时候我听对方说话很清楚,对方要不听不到我说话,要不就是断断续续!用了 3 天,共死机过 1 次,自动关机 4 次。”

3.“本人使用 2 天发现如下问题:① 第一条问题最严重,手机充电时出现电池温度太低暂停充电提示,我在想这手机比人还怕冷,打客服电话要我把手机放到温暖的地方充电,难道买手机还得配个空调,这样开着暖气手机就不冷了;② 此款手机时常出现卡顿现象,玩游戏自动退出,特别是玩天天酷跑,经常死机;③ 电池电量只能用大概 20 小时左右,电话多的时候早上充电晚上就没电了;④ 此手机音质一般,大概就是个山寨手机的音质;⑤ 此手机信号偏差,特别是 WIFI 信号,我其他手机 4 格信号,此手机只有 2 格。"

4. "手机的镜面屏幕面板透光率一般,在强光环境下屏幕亮度较低,会在一定程度上影响操作体验。手机在白天环境下拍照中规中矩,但在夜晚环境下的拍照水平不尽如人意,大量的噪点使得照片基本没有细节可言。开启"消消乐"游戏一小时耗电达 24%,而观看在线视频一小时耗电 18%,所以如果你是手游达人或是地铁视频一族,它的续航能力很可能会令你失望。最糟糕的是,发热非常严重,在上网或者玩游戏一段时间后就会感觉到手机明显烫手,发热量如此之大和如此之快是让我没有想到的。"

5. "买来两个星期,音量键关机键已经没用,完全失效没任何反应。在进行半小时大型 3D 游戏或播放网络视频时,手机背部摄像头下方的部分区域还是能明显感到有发热的情况出现。WiFi 信号不好,同一时间地点,这手机信号只有 2 格,而我老婆的手机信号都是满格。充满电得 5 个小时,电量勉强能维持 1 天。拍照像素说是那么高,但拍出来的成像也一样不清晰,特别前置摄像头,另外在白平衡上还是稍有一些偏红的感觉。"

附录 E　基准评论页面

本月销量:	100		
好评率:	60%	评论数量:	20

评价内容	满意度	评论者
手机还可以，非常好用。。。 2015-08-01 11:10	★★★★☆	3***3
手机用起来很顺手，物流也很给力 2015-08-02 12:49	★★★★☆	P***1
非常不错的手机 用了快一个月了 2015-08-02 12:49	★★★★☆	吴***c
挺好的，暂时没发现问题 2015-08-02 13:49	★★★★☆	jd_752322
用起来不舒服 2015-08-03 13:49	★☆☆☆☆	x***3
外观很漂亮，反应快，而且最喜欢他的画面了，清晰大气 2015-08-03 14:29	★★★★☆	wo***s
我了个去，像素是个硬伤啊！ 2015-08-03 14:35	★★☆☆☆	jd_52
屏幕大，性价比高，功能齐全，照相还行 2015-08-04 10:40	★★★★☆	8***s

做工一般 2015-08-05 10:29	★★☆☆☆	y***f
不错 外观好看 性价比高！！！！！ 2015-08-06 9:19	★★★★★	J***1
内置预装程序太多，非常耗内存。 2015-08-06 10:43	★☆☆☆☆	赫***骁
wifi连接不好，上网慢 2015-08-07 8:49	★☆☆☆☆	h***s
帮同事买的，真心觉得不错。 2015-08-07 13:40	★★★★☆	e***e
耗电太快了，垃圾 2015-08-07 15：:08	★★☆☆☆	雪***歌
家人挺满意，通话质量好，实用美观喜欢。 2015-08-07 15:53	★★★★☆	可***s
看起来很好，质量应该没问题。 2015-08-07 20:21	★★★★☆	h***s
不是很理想，卡 2015-08-08 11:41	★☆☆☆☆	维***_
样子很漂亮！！满分！！ 2015-08-08 13:54	★★★★★	p***g
手机很不错哦，正品 很给力 价格还便宜 2015-08-08 16:02	★★★★★	曹***兴
电池不耐用，机身发热 2015-08-0817:08	★☆☆☆☆	郭***k

附录 F　随机评论页面例子

本月销量:	38		
好 评 率:	86%	评论数量:	7

评价内容	满意度	评论者
用了半个月了 目前没什么问题。 2015-08-07 13:10	★★★★☆	3***3
不错 外观好看 性价比高！！！！！ 2015-08-07 13:19	★★★★★	J***1
忐忑的买了一部 结果意外的惊喜 确实不错 1. 反应 手感 重量 都到位了 像素也挺高 换上4G卡上网很快 几乎没有卡顿 2. 手机拍照效果很好，试了下，感觉不比iphone6差 3. 电池还行 今天新机到了20%的电量从中午2点一直玩到12点才没电 4. 存储内存也够用，而且支持扩展卡。稍微懂得运用系统设置优化手机的人来说，配合一张内存卡完全没问题。5. 最后也没见特别烫什么的 设计风格很简洁，充电线也是扁线很特别，预装了很多最常用的软件。真心不错 希望我说的能给广大群众起到作用 。 2015-08-07 13:43	★★★★★	赫***骁
看起来很好，质量应该没问题 。 2015-08-07 13:49	★★★★☆	h***s
非常不错的产品，值得拥有。 2015-08-07 13:54	★★★★★	p***g
手机中的战斗机，用过之后果然不同凡响。 2015-08-07 14:02	★★★★★	程***兴
手机反应挺迟钝，相机失真。 2015-08-07 14:08	★☆☆☆☆	峰***k

参考文献

[1] KATZ E, IAZARSFELD P F. Personal influence: the part played by People in the flow of mass communication[M]. New York: The Free Press, 1955.

[2] DAY G S. Attitude change, media and word of mouth[J]. Journal of Advertising Research, 1971, 11(6): 31－40.

[3] KAPFERER J N. Rumors: uses, interpretations, and images[M]. New Brunswick: Transaction Publishers, 1990.

[4] HERR P M, KARDER F R, KIM J. Effects of word-of-mouth and product-attribute information persuasion: an accessibility-diagnosticity perspective[J]. Journal of Consumer Research, 1991, 17(4): 454－462.

[5] VILPPONEN A, WINTER S, SUNDQVIST S. Electronic word-of-mouth in online environments: exploring referral net-work structure and adoption behavior [J]. Journal of Interactive Advertising, 2006, 6(2): 71－86.

[6] TRUSOV M, BUCKLIN R E, PAUWELS K. Effects of word-of-mouth versus traditional marketing: findings from an Internet social networking site[J]. Journal of Marketing, 2009, 73(5): 90－102.

[7] HENNIG－THURAU T, GWINNER K P, WALSH G, et al. Electronic word-of-mouth via consumer-opinion platforms: What motivates consumers to articulate themselves on the Internet?[J]. Journal of Interactive Marketing, 2004, 18(1): 38－52.

[8] PARK D H, KIM S. The effects of consumer knowledge on message processing of electronic word-of-mouth via online consumer reviews[J]. Electronic Commerce

Research and Applications，2009，7(4)：399 - 410.

[9] CHEN Yu-bo，XIE Jin-hong. Online consumer review：Word-of-Mouth as a new element of marketing communication mix[J]. Management Science-Management，2008，54(3)：477 - 491.

[10] 郝媛媛，叶强，李一军.基于影评数据的在线评论有用性影响因素研究[J].管理科学学报，2010，13(8)：78 - 88.

[11] RESNICK P，ZECKHAUSER R，FRIEDMAN E，et al. Reputation systems[J]. Communication of the ACM，2000，43(12)：45 - 48.

[12] DICHTER E. How word-of-mouth advertising works[J]. Harvard Business Review，1966，44(11)：147 - 166.

[13] ENGEL J F，BLACKWELL R D，MINIARD P W. Consumer behavior[M]. 8th ed. Fort Worth：Dryden Press，1993.

[14] SUNDARAM D S，MITRA K，WEBSTER C. Word-of-mouth communications：A motivational analysis[J]. Advances in Consumer Research，1998，25(1)：527 - 531.

[15] CHEUNG C S，LEE M O. What drives consumers to spread electronic Word of mouth in online consumer-opinion platforms[J]. Decision Support Systems，2012，53(1)：218 - 225.

[16] 蔡淑琴，王伟，张伟，等.网络负面口碑传播意愿的影响因素实证分析[J].统计与决策，2016(445)：116 - 119.

[17] DAVIS F，BAGOZZI R，WARSHAW P. User acceptance of computer technology：a comparison of TWO theoretical models[J]. Management Science，1989，38(8)：982 - 1003.

[18] SERGIO P V，SHIH Y C，ARLYN J M，et al. Why provide an online review? An extended theory of planned behavior and role of Big-Five personality traits[J]. Computers in Human Behavior，2010，26(3)：685 - 696.

[19] 郭恺强，王洪伟.消费者发表正面网络口碑的实证研究[J].江西社会科学，2014，34(3)：224 - 229.

[20] 杜建刚，范秀成.基于体验的顾客满意度模型研究——针对团队旅游的实证研究

[J].管理学报,2007,4(4):514-520.

[21] WESTBROOK R A. Product /Consumption-based affective responses and postpurchase processes[J]. Journal of Marketing Research, 1987, 24(8): 258-270.

[22] NYER P U. A study of the relationships between cognitive appraisals and consumption emotions[J]. Journal of the Academy of Marketing Science, 1997, 25(4): 296-304.

[23] ANDERSON E W. Customer satisfaction and Word-of-Mouth[J]. Journal of Service Research, 1998, 1(1): 5-17.

[24] SUSSKIND A M. I told you so! Restaurant customers word-of-mouth communication patterns[J]. The Cornell Hotel and Restaurant Administration QU, 2002, 43(2): 75-85.

[25] 杨学成,郭国庆,汪晓凡,等.服务补救可控特征对消费者口碑传播意向的影响[J].管理评论,2009,21(7):56-64.

[26] 郭恺强,王洪伟,赵月.消费者通过在线声誉系统发表评论的前因:基于 TAM 的实证研究[J].管理评论,2014(9):180-190.

[27] GHOSE A, IPEIROTIS P G. Designing novel review ranking systems: predicting the usefulness and impact of reviews[A]//Proceedings of the ninth international conference[C]. New York: ICEC, 2007: 303-310.

[28] MUDAMBI M S, SCHUFF D. What makes a helpful online review? A study of customer reviews on Amazon. com[J]. MIS Quarterly, 2010, 34(1): 185-190.

[29] CHEUNG C K, LEE M O, RABJOHN N. The impact of electronic word-of-mouth: The adoption of online opinions in online customer communities[J]. Internet Research, 2008, 18(3): 229-247.

[30] O'MAHONY M P, SMYTH B. The readability of helpful product reviews[A]// Proceedings of the Twenty-third International Florida Artificial Intelligence Research Society Conference[C]. Florida: AAAI, 2010.

[31] SCHINDLER R M, BICKART B. Perceived helpfulness of online consumer reviews: the role of message content and style[J]. Journal of Consumer Behavior,

2012, 11(3): 234 - 243.

[32] TSAO M T, HSIEH W C. E - WOM persuasiveness: do E - WOM platforms and product type matter?[J]. Electronic Commerce Research, 2015, 15(4): 509 - 541.

[33] QAZI A, SYED K, RAJ R G, et al. A concept-level approach to the analysis of online review helpfulness[J]. Computers in Human Behavior, 2016, 58: 75 - 81.

[34] HERNANDEZ - MENDEZ J, MUNOZ - LEIVA F, SANCHEZ - FERNANDEZ J. The influence of e-word-of-mouth on travel decision-making: consumer profiles [J]. Current Issues in Tourism, 2015, 18(11): 1001 - 1021.

[35] SUSSMAN S W, SIEGAL W S. Informational influence in organizations: an integrated approach to knowledge adoption[J]. Information Systems Research, 2003, 14(1): 47 - 65.

[36] BRISTOR J M. Enhanced explanations of Word of mouth communications[J]. Research in Consumer Behavior, 1990, 4(1): 51 - 83.

[37] WEISS A M, LURIE N H, MACINNIS D J. Listening to strangers: whose responses are valuable, how valuable are they, and why?[J]. Journal of Marketing Research, 2008, 45(4): 425 - 436.

[38] GILLY M C, GRAHAM J L, WOLFINBARGER M F, et al. A dyadic study of interpersonal information search[J]. Journal of the Academy of Marketing Science, 1998, 26(2): 83 - 100.

[39] FORMAN C, GHOSE A, WIESENFELD B. Examining the relationship between reviews and sales: The role of reviewer identity disclosure in electronic markets[J]. Information Systems Research, 2008, 19(3): 291 - 313.

[40] RACHERLA P, FRISKE W. Perceived 'usefulness' of online consumer reviews: an exploratory investigation across three services categories[J]. Electronic Commerce Research and Applications, 2012, 11(6): 548 - 559.

[41] CHAKRAVARTY A, LIU Y, MAZUMDAR T. The differential effects of online Word-of-Mouth and critics' reviews on Pre-release movie evaluation[J]. Journal of Interactive Marketing, 2010, 24: 185 - 197.

[42] JONG K I, CHRISTIAN B. Do consumer critics write differently from professional critics? A genre analysis of online film reviews[J]. Discourse, Context and Media, 2013, 2(2): 75 - 83.

[43] 宋雪雁.用户信息采纳行为模型构建及应用研究[D].长春：吉林大学,2010.

[44] PARK J, GU B, LEE H. The relationship between retailer-hosted and third-party hosted WOM sources and their influence on retailer sales[J]. Electronic Commerce Research and Applications, 2012, 11(3): 253 - 261.

[45] 王洪伟,郭恺强,杜战其.用户通过点评网站获取评论信息的使用意愿影响因素研究[J].情报科学,2015,33(12): 27 - 33.

[46] KIECKER P, DEBORAH C. Interpersonal communication and personal influence on the Internet: A framework for examining online word-of-mouth[J]. Journal of Euromarketing, 2002, 11(2): 71 - 88.

[47] STEFFES E M, BURGEE L E. Social ties and online Word of mouth[J]. Internet Research, 2009, 19(1): 42 - 59.

[48] BROWN J, BRODERICK A J, LEE N. Word of mouth communication within online communities: conceptualizing the online social network[J]. Journal of Interactive Marketing, 2007, 21(3): 2 - 20.

[49] SMITH T, COYLE J R, LIGHTFOOT E, et al. Reconsidering models of influence: the relationship between consumer social networks and word-of-mouth effectiveness[J]. Journal of Advertising Research, 2007, 47(4): 387 - 397.

[50] ELLISON N, STEINFIELD C, LAMPE C. The benefits of facebook 'friends': social capital and college students' use of online social network sites[J]. Journal of Computer - Mediated Communication, 2007, 12(4): 1143 - 1168.

[51] 殷国鹏.消费者认为怎样的在线评论更有用？——社会性因素的影响效应[J].管理世界,2012(12): 115 - 124.

[52] 金立印.虚拟品牌社群的价值维度对成员社群意识、忠诚度及行为倾向的影响[J].管理科学,2007,20(2): 36 - 45.

[53] CHEUNG M Y, LUO C, SIA C L, et al. Credibility of electronic word-of-mouth:

Informational and normative determinants of on-line consumer recommendations[J]. International Journal of Electronic Commerce, 2009, 13(4): 9 - 38.

[54] DOH S J, HWANG J S. How consumers evaluate e-WOM (electronic word-of-mouth) messages[J]. Cyberpsychology & Behavior, 2009, 12(2): 193 - 197.

[55] GARBARINO E S M. Gender differences in the perceived risk of buying online and the effects of receiving a site recommendation[J]. Journal of Business Research, 2004, 57(7): 768 - 775.

[56] DELLAROCAS C, ZHANG X-m, AWAD N F. Exploring the value of online product reviews in forecasting sales: The case of motion pictures[J]. Journal of Interactive Marketing, 2007, 21(4): 23 - 45.

[57] 尹裴,王洪伟.面向产品特征的中文在线评论情感分类：以本体建模为方法[J].系统管理学报,2016,25(1): 103 - 114.

[58] AJZEN I, FISHBEIN M. The prediction of behavior from attitudinal and normative variables[J]. Journal of Experimental Social Psychology, 1970, 6(4): 466 - 487.

[59] MULLET E. The probability + utility rule in attractiveness judgments of positive gambles[J]. Organizational Behavior and Human Decision Process, 1992, 52(2): 246 - 255.

[60] ARMSTRONG J S, MORWITZ V G, KUMAR V. Sales forecasts for existing consumer products and services: do purchase intentions contribute to accuracy?[J]. International Journal of Forecasting, 2000, 16(3): 383 - 397.

[61] PARK D, LEE J, HAN I. The effect of on-line consumer reviews on consumer purchasing intention: The moderating role of involvement[J]. International Journal of Electronic Commerce, 2007, 11(4): 125 - 148.

[62] ZHANG K, ZHAO S, CHEUNG C, et al. Examining the influence of online reviews on consumers' decision-making: a heuristic-systematic mode[J]. Decision Support Systems, 2014, 67: 78 - 79.

[63] ZHANG K, CHEUNG C, LEE M. Examining the moderating effect of inconsistent reviews and its gender differences on consumers' online shopping decision[J].

International Journal of Information Management，2014，34：89－98.

[64] 左文明，王旭，樊偿.社会化电子商务环境下基于社会资本的网络口碑与购买意愿关系[J].南开管理评论，2014，17(4)：140－150.

[65] 杜学美，丁璟妤，谢志鸿，等.在线评论对消费者购买意愿的影响研究[J].管理评论，2016，28(3)：173－183.

[66] CHEVALIER J A M D. The effect of Word of mouth on sales：Online book reviews [J]. Journal of Marketing Research，2006，43(3)：345－354.

[67] LIU Y. Word of mouth for movies：its dynamics and impact on box office revenue [J]. Journal of Marketing，2006，70(3)：74－89.

[68] CUI G，LUI H，GUO X. The effect of online reviews on new product sales[J]. International Journal of Electronic Commerce，2012，17(1)：39－58.

[69] DUAN W，GU B，WHINSTON A. Do online reviews matter? An empirical investigation of panel data[J]. Decision Support System，2008，45(4)：1007－1016.

[70] DUAN W J，GU B，WHINSTON A B. The dynamics of online word-of-mouth and product sales —— An empirical investigation of the movie industry[J]. Journal of Retailing，2008，84(2)：233－242.

[71] ZHU F，ZHANG X-q. Impact of online consumer reviews on sales：the moderating role of product and consumer characteristics[J]. Journal of Marketing，2010，74(2)：133－148.

[72] 郝媛媛，邹鹏，李一军，等.基于电影面板数据的在线评论情感倾向对销售收入影响的实证研究[J].市场营销，2009，21(10)：95－103.

[73] 龚诗阳，刘霞，赵平，等.线上消费者评论如何影响产品销量？——基于在线图书评论的实证研究[J].中国软科学，2013，06：171－183.

[74] ZHOU W Q，DUAN W J. An empirical study of how third-party websites influence the feedback mechanism between online Word-of-Mouth and retail sales[J]. Decision Support Systems，2015，76：14－23.

[75] 郭恺强，王洪伟.在线评论对商家业绩的影响研究综述[J].情报科学(增刊)，2013，31：129－132.

[76] OLIVER R L. A cognitive model of the antecedents and Consequences of satisfaction decisions[J]. Journal of Marketing Research, 1980, 17(4): 460-469.

[77] ENGEL J F, KOLLAT T D, BLACKWELL D R. Consumer behavior[M]. Hinsdale: Dryden press, 1978.

[78] FIELD J M, HEIM G R. Process drivers of E-service quality: analysis of data from an online rating site[J]. Journal of Operations Management, 2007, 25(5): 962-984.

[79] WANG H W, GUO K Q, ZHAO Y. A TAM-Based model of posting positive and negative reviews on online reputation systems[J]. International Journal of Digital Content Technology and its Applications, 2012, 6(22): 180-190.

[80] DAVIS F D. Perceived usefulness, perceived ease of use, and user acceptance of information technology[J]. MIS Quarterly, 1989, 13(3): 319-340.

[81] DAVIS F, BAGOZZI R, WARSHAW P. User acceptance of computer technology: a comparison of TWO theoretical models[J]. Management Science, 1989, 35(8): 982-1003.

[82] 毕继东.基于技术接受模型的网络口碑接受研究[J].当代经济管理,2009,31(9): 33-38.

[83] ZAICHKOWSKY J L. Measuring the involvement of construct[J]. Journal of Consumer Research, 1985, 12(12): 341-352.

[84] 金志成,周象贤.受众卷入及其对广告传播效果的影响[J].心理科学进展,2007, 15(1): 154-162.

[85] NORMAN A T, RUSSELL C A. The pass-along effect: investigating Word-of-mouth effects on online survey procedures[J]. Journal of Computer-Mediated Communication, 2006, 11(4): 1085-1103.

[86] EAST R, HAMMOND K, WRIGHT M. The relative incidence of positive and negative Word of mouth: a multi-category study[J]. International Journal of Research in Marketing, 2007, 24(2): 175-184.

[87] MANO H O L. Assessing the dimensionality and structure of the consumption

experience: evaluation, feeling, and satisfaction[J]. Journal of Consumer Research, 1993, 20(12): 451-466.

[88] BLAU P M. Exchange and power in social Life[M]. New York: Wiley, 1964.

[89] BAUER R A. Consumer behavior as risk Taking[A]//Dynamic Marketing for a Changing World[C]. Chicago: American Marketing Association, 1960: 389-398.

[90] 荣泰生.AMOS与研究方法[M].重庆：重庆大学出版社,2005.

[91] 马庆国.管理统计：数据获取、统计原理、SPSS工具与应用研究[M].北京：科学出版社,2002.

[92] 李怀祖.管理研究方法论[M].西安：西安交通大学出版社,2004.

[93] 王重鸣.心理学研究方法[M].北京：人民教育出版社,1999.

[94] DUNN S C, SEAKER R F, WALLER M A. Latent variables in business logistics research: scale development and validation[J]. Journal of Business Logistics, 1994, 15(2): 145-155.

[95] FEATHERMAN M S, PAVLOU P A. Predicting E-services Adoption: A Perceived Risk Facets Perspective[J]. International Journal of Human-Computer Studies, 2003, 13(59): 447-451.

[96] SWAN J E, OLIVER R L. Consumer perceptions of interpersonal Equity and satisfaction in transactions: a field survey approach[J]. The Journal of Marketing, 1989, 53(2): 21-35.

[97] 吴明隆.结构方程模型：AMOS的操作与应用[M].2版.重庆：重庆大学出版社,2010.

[98] 吴明隆.结构方程模型：Amos实务进阶[M].重庆：重庆大学出版社,2013.

[99] FORNELL C, LARCKER D F. Structural equation models with unobservable variables and measurement error: algebra and statistics[J]. Journal of Marketing Research, 18(3): 382-388.

[100] 黄芳铭.结构方程模式理论与应用[M].北京：中国税务出版社,2005.

[101] 侯杰泰.结构方程模型及其应用[M].北京：教育科学出版社,2002.

[102] 温忠麟,张雷,侯杰泰,等.中介效应检验程序及其应用[J].心理学报,2004,36(5): 614-620.

[103] 林嵩.结构方程模型原理及AMOS应用[M].上海：华东师范大学出版社,2008.

[104] 黄茜.关于买方参与C2C网站在线声誉系统的探索性研究[D].安徽：中国科学技术大学,2009.

[105] 邵兵家,马蓉,张晓燕,等.消费者在线产品评价参与意向影响因素的实证研究[J].情报杂志,2010,12(29)：185－189.

[106] 郭国庆,汪晓凡,曾艳.外部诱因对消费者正面网络口碑传播意愿的影响研究[J].财贸经济,2010(12)：127－132.

[107] 卡麦兹.构建扎根理论：执行研究实践指南[M].重庆：重庆大学出版社,2009：55－70.

[108] GLASER B, STRAUSS A L. The discovery of Grounded Theory: Strategies for Qualitative Research[M].Chicago: Aldine de Gruyter, 1967.

[109] 韩炜.基于扎根理论研究法与管理学研究[J].现代管理科学,2009(2)：115－117.

[110] DENZIN Y, LINCOLN S. Handbook of qualitative research[M]. CA: Thousand Oaks, 1994.

[111] 徐淑英,刘忠明.中国企业管理的前言研究[M].北京：北京大学出版社,2004.

[112] STRAUSS A. Qualitative analysis for social scientists[M]. New York: Cambridge University Press, 1987.

[113] PANDIT. The creation of theory: a recent application of the grounded theory method[J]. The Qualitative Report, 1996, 2(4): 4.

[114] 张敬伟,马东俊.扎根理论研究方法与管理学研究[J].现代管理科学,2009(2)：115－117.

[115] WU C, SHAFFER D R. Susceptibility to persuasive appeals as a function of source credibility and prior experience with the attitude object[J]. Journal of Personality and Social Psychology, 1987, 52(4): 677－688.

[116] 宋雪雁,王萍.用户信息行为研究述评[J].情报科学,2010,28(4)：625－629.

[117] 彭岚,周启海,邱江涛.消费者在线评论有用性影响因素模型研究[J].计算机科学,2011,38(8)：205－207,24.

[118] EAGLY A H, CHAIKEN S. The psychology of attitudes[M]. Harcourt Brace

Jovanovich: Fort Worth, 1993.

[119] CACIOPPO J T, PETTY R E, MORRIS K J. Effects of need for cognition on message evaluation, recall, and persuasion[J]. Journal of Personality and Social Psychology, 1983, 45(4): 805 - 818.

[120] SIA C L, TAN B Y, WEI K K. Can a GSS stimulate group polarization? An empirical study[J]. IEEE Transactions on Systems, Man and Cybernetics, 1999, 29(2): 227 - 237.

[121] PARK C, LEE T M. Information direction, website reputation and e-WOM effect: A moderating role of product type[J]. Journal of Business Research, 2009, 62(1): 61 - 67.

[122] BAILEY J E, PEARSON S W. Development of a tool for measuring and analysing computer user satisfaction[J]. Management Science, 29(5): 530 - 545.

[123] NAH F H, DAVIS S. HCI research issues in e-commerce[J]. Journal of Electronic Commerce Research, 2002, 3(3): 98 - 113.

[124] MADU C N, MADU A A. Dimensions of e-quality[J]. International Journal of Quality and Reliability Management, 2002, 19(3): 246 - 258.

[125] 郭潇.在线评论对旅游预定意向的实证分析[D].广东：华南理工大学,2010.

[126] WIXOM B H, TODD P A. A theoretical integration of user satisfaction and technology acceptance[J]. Information Systems Research, 2005, 16(1): 85 - 102.

[127] SULLIVAN C. Marketing the web in other media[J]. Editor & Publisher, 1999, 132(9): 30.

[128] PAPATHANASSIS A, KNOLLE F. Exploring the adoption and processing of online holiday reviews: a grounded theory approach[J]. Tourism Management, 2011, 32(2): 215 - 224.

[129] FLESCH R. The art of plain talk[M]. New York: Harper & Brothers, 1946.

[130] KORFIATIS N, GARCÍA - BARIOCANAL E. Evaluating content quality and helpfulness of online product reviews: the interplay of review helpfulness vs. review content[J]. Electronic Commerce Research and Applications, 2012, 11(1): 5 - 217.

[131] 张宁志.汉语教材语料难度的定量分析[J].世界汉语教学,2000,21(3):83-88.

[132] LEE Y C. Impacts of decision-making biases on e-WOM retrust and risk-reducing strategies[J]. Computers in Human Behavior, 2014, 40(40): 101-110.

[133] CHANG H H, WU L H. An examination of negative e-WOM adoption: Brand commitment as a moderator[J]. Decision Support Systems, 2014, 59: 206-218.

[134] PARK D, LEE J. E-WOM over load and its effect on consumer behavioral intention depending on consumer involvement[J]. Electronic Commerce Research and Applications, 2008, 7(4): 386-398.

[135] SELF C S, SALWEN M, STACKS D. An integrated approach to communication theory and research[M]. NJ: Erlbaum, 1996: 261-276.

[136] BURGOON J K, BONITO J A, BENGTSSON B, et al. Interactivity in human-computer interaction: a study of credibility, understanding, and influence[J]. Computers in Human Behavior, 2000, 16(6): 553-574.

[137] HOVLAND C I, JANIS I L, KELLEY H H. Communication and persuasion: psychological studies of opinion change[M]. New Haven: Yale University Press, 1953.

[138] MAK B, LYYTINEN K. A model to assess the behavioral impacts of consultative knowledge based systems[J]. Information Processing and Management, 1997, 33(4): 539-550.

[139] PRIBRAM K H, MCGUINNESS D. Arousal, activation, and effort in the control of attention[J]. Psychological Review, 1975, 82(2): 116-149.

[140] LIS B. In E-WOM we trust a framework of factors that determine the E-WOM credibility[J]. Business & Information Systems Engineering, 2013, 5(3): 129-140.

[141] MITCHELL A A, DACIN P A. Assessment of alternative measures consumer expertise[J]. Journal of Consumer Research, 1996, 23(3): 219-239.

[142] GELB B D S S. Adapting to Word of mouse[J]. Business Horizons, 2002, 45(4): 21-25.

[143] JACOBY J, HOYER W. What if opinion leaders didn't know more? A question of

nomological validity[J]. Advances in Consumer Research, 1981, 8(1): 299 - 303.

[144] WASKO M M, FARAJ S. Why should I share? Examine Social Capital and Knowledge Contribution in Electronic Networks of Practice[J]. MIS Quarterly, 2005, 29(1): 35 - 57.

[145] LEVY S, GVILI Y. How credible is E-Word of mouth across Digital-Marketing channels? the roles of social capital, information richness, and interactivity[J]. Journal of Advertising Research, 55(1): 95 - 109.

[146] GODES D M D. Using online conversations to study word-of-mouth communication [J]. Marketing Science, 2004, 23(4): 545 - 560.

[147] CHU Shu, KAMAL S. The effect of perceived blogger credibility and argument quality on message elaboration and brand attitudes: An exploratory study[J]. Journal of Interactive Advertising, 2008, 8(2): 26 - 37.

[148] KRUGLANSKI A W, CHEN Xiao-yan, PIERRO A, et al. Persuasion according to the Unimodel: Implications for Cancer Communication[J]. Journal of Communication, 2006, 56(1): 105 - 122.

[149] XUE F, JOSEPH E P. Internet-facilitated consumer-to-consumer com-munication: The moderating role of receiver characteristics[J]. International Journal of Internet Marketing and AD, 2004, 1(2): 121 - 136.

[150] HAWKINS D I, ROGER J B, KENNETH A C. Consumer behavior building marketing strategy[M]. Chicago: McGraw Hill, 1999.

[151] NELSON P. Advertising as information[J]. The Journal of Political Economy, 82(4): 729.

[152] GREWAL D, MONROE K, KRISHNAN R. The effects of price comparison advertising on buyers' perceptions of acquisition value and transaction value[J]. Journal of Marketing, 1998, 62(2): 46 - 59.

[153] SWEENEY J, SOUTAR G, MAZZAROL T. Factors enhancing word-of-mouth influence: positive and negative service-related messages[J]. European Journal of Marketing, 2014, 48(2): 336 - 359.

[154] CHATTERJEE P. Online reviews: do consumers use them?[J]. Advances in Consumer Research, 2001, 28(1): 129 - 133.

[155] JANISZEWSKI C. Preattentive mere exposure effects[J]. Journal of Consumer Research, 1993, 20(3): 376 - 392.

[156] ZHAO X Y, WANG L, GUO X, et al. The influence of online reviews to online hotel booking intentions[J]. International Journal of Contemporary Hospitality, 2015, 27(6): 1343 - 1364.

[157] DUAN W, GU B, WHINSTON A. Informational cascades and software adoption on the Internet: an empirical investigation[J]. MIS Quarterly, 2009, 33 (1): 23 - 48.

[158] CLEMONS E K, GAO G G, HITT L M. When online reviews meet hyperdifferentiation: A study of the craft beer industry[J]. Journal of Management Information Systems, 2006, 23(2): 149 - 171.

[159] YIN P, WANG H, GUO K. Feature-opinion pair identification of product reviews in Chinese: a domain ontology modelling method[J]. New Review of Hypermedia and Multimedia, 2013, 19(1): 3 - 24.

[160] 王洪伟,郑丽娟,尹裴,等.基于句子级情感的中文网络评论的情感极性分类[J].管理科学学报,2013,16(9): 64 - 74.

[161] WILKIE W L. Consumer behavior[M]. New York: John wiley and sons, 1994.

[162] ELBERSE A, ELIASHBERG J. Demand and supply dynamics for sequentially released products in international markets: the case of motion pictures[J]. Marketing Science, 2003, 22(3): 329 - 354.

[163] 龚诗阳,刘霞,刘洋,等.网络口碑决定产品命运吗——对线上图书评论的实证分析[J].南开管理评论,2012,15(4): 118 - 128.

[164] 陈云,王浣尘,沈惠璋.互联网环境下双渠道零售商的定价策略研究[J].管理工程学报,2008,22(1): 34 - 39.

[165] KIM S J, WANG R, MASLOWSKA E, et al. "Understanding a fury in your words": The effects of posting and viewing electronic negative word-of-mouth on

purchase behaviors[J]. Computers in Human Behavior, 2016, 54: 511 - 521.

[166] HORNIK J, SATCHI R S, CESAREO L, et al. Information dissemination via electronic word-of-mouth: Good news travels fast, bad news travels faster![J]. Computers in Human Behavior, 2015, 45: 273 - 280.

[167] SPARKS B A, SO K F, BRADLEY G L. Responding to negative online reviews: The effects of hotel responses on customer inferences of trust and concern[J]. Tourism Management, 2016, 53: 74 - 85.

[168] SODERLUND M, MATTSSON J. Merely asking the customer to recommend has an impact on word-of-mouth activity[J]. Journal of Retailing and Consumer Services, 2015, 27: 80 - 89.

[169] 王长征,何钐,王魁.网络口碑中追加评论的有用性感知研究[J].管理科学,2015,28(3): 102 - 114.

[170] LEE K T, KOO D M. Evaluating right versus just evaluating online consumer reviews[J]. Computers in Human Behavior, 2015, 45: 316 - 327.

[171] 郭恺强,王洪伟,郑晗.基于在线评论的网络零售定价模型研究[J].商业经济与管理,2014,4(270): 59 - 66.

[172] LI X X, HITT L M. Price effects in online product reviews: an analytical model and empirical analysis[J]. MIS Quarterly, 2010, 34(4): 809 - 831.

[173] KAWAKAMI T, PARRY M E. The impact of Word of mouth sources on the perceived usefulness of an innovation[J]. Journal of Product Innovation Management, 2013, 30(6): 1112 - 1127.

[174] HAO Y Y, QIANG Y, LI Y J, et al. How does the Valence of online consumer reviews matter in consumer decision making? the differences between search and experience products[A]//Hawaii International Conference on System Sciences[C]. Hawaii: IEEE, 2010: 1 - 10.

[175] 曹俊浩,陈宏民,胥莉.基于网络外部性的电子商务企业纵向差异垄断定价策略[J].上海交通大学学报,2008,42(9): 1557 - 1560.

[176] KAUFFMAN R, LEE D, LEE J, et al. A hybrid firm's pricing strategy in electronic

commerce under Channel migration[J]. International Journal of Electronic Commerce, 2009, 14(1): 11 - 54.

[177] 潘伟,汪寿阳,华国伟,等.实体店及其网上商店产品的动态定价及订货策略[J].系统工程理论与实践,2010,30(2): 236 - 242.

[178] WANG H W, ZHANG W, ZHENG L J. Dynamic pricing in B2C based on online product reviews[J]. Procedia Engineering, 2011, 23(16): 270 - 275.

[179] BASS F M. A new product growth for model consumer durables[J]. Management Science, 1969, 15(5): 215 - 217.

[180] 孔庆山,邢伟,石晓梅.具有服务策略的双渠道供应链定价问题研究[J].商业研究,2012,418(2): 114 - 118.